U0142475

法律類似語辨異

管歐、劉得寬、蔡墩銘、陳榮宗、賴源河 / 著

胡博硯 / 校訂

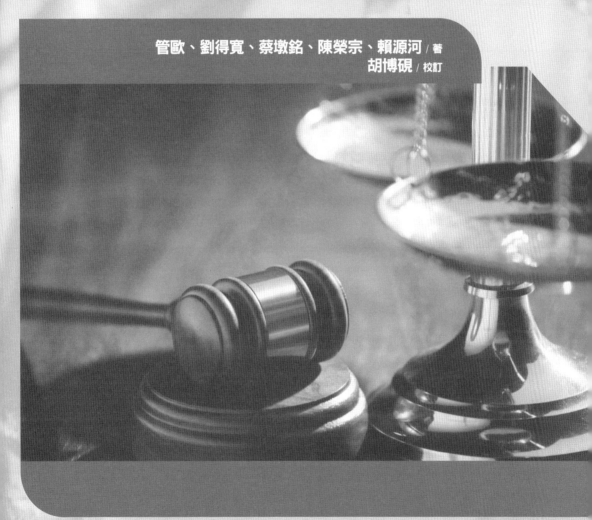

　　社會進步，學術昌明，而治學的工具與方法，亦日新月異，關於各種學科有闡辭典性質的書籍，亦遂應運而生。因辭典乃以研究的成果與結晶，提供節省時空的利用，係治學者最為便捷的工具與方法。

　　在法律學科方面，浩如翰海，法律的繁多，法理的廣博，學說紛歧，見解差異，習法者每有望洋興嘆，治絲愈棼之感。而「六法全書」及「六法判解」等類書籍，亦僅彙集現有的主要法律或判例解釋，以為述而不作的援引參考。若就成語片句，單獨分別解說，藉便查考的法律辭典，已屬少見。至於就法律的類似語句，述其要旨，辨其異同，以彙編成為辭典者，則以本書即「法律類似語辨異」為其創舉。

　　顧所謂法律的類似語，係指構成法律內容的用語，或在法律範疇內的習見詞句，其涵義彼此類似者而言；其或似同而實異，惟其性質相同或近似者，仍不失其為類似語句；亦不僅以個別的名詞為限，即具有法律意識的整句，而在觀念上發生聯想作用，致有互相混淆的可能者亦屬之。端在觸物引類，舉一反三，兼採法學的比較研究法及綜合研究法之所長，而具有啟發及導引作用。

　　法律原為人類生活的社會規範，法學乃為高深專門的社會學科，就其類似用語的內涵，予以釋述，涉及法理的研討問題，難免仁智互見，出主入奴，而要以取精用宏，由博從約，或執簡以馭繁，或歸結於演繹，不在於望文生義，而重在類似語句的整體概念及其應用。

　　尤有進者，既屬法律的類似語句，則必須從該語句的各種角度著眼，以辨別彼此的異同，其詳略自不一致，亦不免有割裂詞義之嫌，及一語重見之弊。必須互相參閱，融會貫通，俾得窺其全豹，按圖索驥，以期事半功倍。

　　學科進步，永無止境，而法學的演進尤速，法律的存廢頻繁，類似語句的取捨，寧可抉擇從嚴，免涉浮濫，因而滄海遺珠，自必多有。「作始也簡、將畢也鉅」，則本書之將適時補訂修正，提供更充實更完善的治學工具及方法，是則有賴於博雅君子的指教助益，俾對於法治社會及法治國家有所獻替，斯即五南圖書出版公司編印發行本書的主旨所在，序此以為徵信。

管歐

序於臺北管四維堂思親室

中華民國76年4月15日先嚴冥誕暨先慈忌辰紀念之前夕

凡例

一、本書係收錄法律之類似語詞共1235條，就其似同而實異者分組歸類；闡述要旨，分辨異同，彙編而成。

二、本書收錄之類似語雖然含括：法學緒論、憲法、民法、民事程序法、刑法、刑事程序法、商事法、行政法等；但編排體例上則打破各法之範疇，依各類似語首字筆劃順序排列，首字相同者，則依第二字筆劃順序排列。

三、本書收錄之類似語條目，皆禮聘學者就其專精之範圍詳盡釋義。並於其下附列姓名，以示負責。各作者負責編寫之範圍如下：

 管 歐——法學緒論、憲法、行政法

 劉得寬——民法

 蔡墩銘——刑法、刑事程序法

 陳榮宗——民事程序法

 賴源河——商事法

四、本書書後附「法律名詞索引」以利查索。任一名詞，只要知道其首字筆劃即可查得其相對應比較之類似語。

五劃 034

六劃　　　　　　　　　　　　　　　　　　　050

十二劃　173

十六劃 221

十七劃 227

一劃

管　歐

一般行政機關‧特別行政機關

一般行政機關又稱普通行政機關，指行政機關所職掌的業務為一般性或全面性的，如行政院、縣政府。

特別行政機關又稱專業行政機關，指行政機關所職掌的業務為特別性或專業性的，如行政院所屬的各部、會、署，縣政府所屬的各局、所等行政機關。

賴源河

一般轉讓背書‧特殊轉讓背書

兩者均屬於轉讓背書的一種，但一般通常被採行之背書可謂一般轉讓背書；如具有特殊情形的背書，稱為特殊轉讓背書。

一般轉讓背書依其記載方式之不同又可分為完全背書與空白背書：完全背書（記名背書、正式背書），係應由背書人在匯票的背面或黏單上，記載被背書人，並由背書人簽名的背書（票31 I）。其轉讓方法僅依票據交付轉讓即可，此種匯票的轉讓，執票人既可不簽名，自無須負背書人的責任，將來可不受追索權的追索。但空白背書亦可變更為記名背書轉讓，即票據的最後背書為空白背書者，執票人得於該空白內記載自己或他人為背書人，變更為記名背書後再為轉讓。

特殊轉讓背書，是指具有特殊情形的背書而言，可分為：回頭背書與期後背書。

1.**回頭背書（還原背書，逆背書）**：所謂回頭背書是以原票據債務人為被背書人的背書，一般轉讓背書通常是以票據債務人以外的第三人為背書人，此回頭背書之特殊處（票34 I）。依民法混同原理，匯票債務人依回頭背書受讓票據時，債權債務同歸一人，債權債務關係應消滅。但票據法為保護票據的流通性，排除混同原則的適用，容許受讓人於票據到期日前，更以背書轉

之，但回頭背書在追索權的行使範圍內有些限制，分述之：

(1) 執票人為發票人時，對其前手無追索權（票99 I）。故發票人如再以此項票據轉讓給他人，除該發票人仍應負責外，其以前各背書人，無須負任何責任。

(2) 執票人為背書人時，對其原來背書的後手無追索權（票99 II）。

(3) 執票人為付款人時，若付款人在承兌前依背書受讓匯票時，僅屬「準回頭背書」，對其前手有追索權；但付款人於承兌後受讓匯票者，因其已成為主債務人，對任何人均無追索權。

(4) 執票人為預備付款人時，其情形與付款人相同。

(5) 執票人為保證人或參加承兌人時，除向被保證人或被參加人追索外，與被保證人或被參加人的追索情形相同。

2. **期後背書**：所謂期後背書，即在到期日後所為之背書，此與一般背書均於到期日前為之並不太相同。期後背書僅有通常債權轉讓之效力（票41 I），背書人不負票據上之責任，即背書人不依匯票文義負擔保承兌及付款責任，僅將其所有之權利移轉於被背書人。其目的在限制到期日後票據之流通性，被背書人承繼背書人之地位，票據債務人得以對抗背書人之事由，轉而對抗被背書人，即謂被背書人僅不受善意取得的保護，但仍可享有票據上權利。

劉得寬

一般繼受人・繼受人

1. **繼受人**：為承受他人之權利義務，而與之居於法律上同一地位者。

2. **一般繼受人**：為繼受人之中，對於他人之權利義務包括地予以繼承者之謂，又稱「包括繼受人」。民法上遺產之繼承人（民1138），公司合併後存續或另立之公司（公75）為其典型例子。惟如僅承繼特定之權利義務者，稱之為特定繼受人。

二 劃

管 歐

人民‧國民‧公民‧住民‧居民

人民乃對於一般人之泛稱，是否本國人，有無公民資格，均包括之。

國民指具有國籍之人民，「具有中華民國國籍者，為中華民國國民」（憲3）。外國人則不得謂為本國國民，其涵義較泛稱人民為狹。

公民指國民之具有公民權者，亦即在公法上有享受權利之資格，如行使選舉、罷免、創制、複決等公權是。雖係國民而被褫奪公權者，不得謂為公民，涵義較國民為狹。

住民與居民之區別，乃基於民法有關住所與居所之規定（民20、22、23），而為認定。住民乃指以久住之意思，於一定地域內設定住所之人民，其雖有久住之意思，而實際上並未住於其住所者，並無影響其為住民之性質。亦即其住民未必即係現在實際上之居民。

居民乃指並非以久住之意思，而現居於一定居所之人民，其雖無久住之意思，而實際上竟繼續居住多年者，仍無影響其為居民之性質，亦即其居民未必即係現實之住民。

住民與居民均指在某區域內居住之人民，其涵義較公民為廣，惟法律有規定公民在某一地區內居住若干時期以上，始得行使其公民權者，例如：有選舉權人在各該選舉區繼續居住四個月以上者，為公職人員選舉各該選舉區之選舉人（公職選罷15Ⅰ）

人民、國民、公民、住民、居民之權利義務關係，應依規定分別認定之。

管 歐

人民團體一般事件主管機關‧
人民團體目的事業主管機關

人民團體的一般事件，如組設的許可，章程的核備，理事、監事選舉的監

選等事件，其主管機關為各級政府，在中央為內政部，在縣（市）為縣（市）政府（人團3前段）。

人民團體的目的事業，指人民團體設立的宗旨，亦即其運作的任務或事業，則應受各該事業主管機關的指導、監督（人團3但書）。例如：工會、商會的目的事業，應受經濟部及縣、市工商事業主管行政機關的指導監督，律師公會之目的事業主管機關為法務部及所在地地方法院檢察署（律12），而受其指導監督。

賴源河

人合公司・資合公司

人合公司與資合公司係基於公司在其經濟活動上所表現特質的不同，所為學理上的分類。凡公司之信用基礎是依存於股東之人的資產者，稱之為人合公司；凡公司之信用基礎是依存於公司之物的資產者，謂之資合公司。依我國目前公司法之規定，無限公司乃典型的人合公司，而股份有限公司則是典型的資合公司，至於有限公司與兩合公司則是介於人合公司與資合公司之間。雖然人合公司與資合公司是學說上的分類，但卻影響到整部公司法的規定，如因人合公司、資合公司之不同，故在公司對外關係上，如資本維持、公司代表、清算程序、破產原因；對內關係上，如業務執行、股東變動、退股事由、解散事由、章程變動等規定中，均有顯著的不同。

人合公司重視各股東之個別條件，在性格上屬於個人主義公司，且其股東之結合，以相互深切瞭解為必要，故此種公司具有家族性，故有論者稱之「家族性公司」；而資合公司重視各股東之積集力量，在性格上屬於團體主義公司。且其股東之結合並無須彼此瞭解，任何人均得充之，因此種公司趨於大眾化，故有論者稱之為「大眾化公司」。因人合、資合係兩不相同類型之公司，在經營發展作用上亦異其機能。現代公司發展趨勢上較重視資合公司，因其有：1.資本集中，2.危險分擔，3.組織永恆等優點，所以就各國立法趨勢上而言，人合公司之規則並無多大的發展，而就資合公司的規定則有革命性的發展。

人身權・人格權・身分權

人身權乃關於各人在人格與身分方面的權利，亦即得大別為人格權與身分權：

1. **人格權**：謂人在法律上有自主獨立的資格所應享有的權利，包括生命權、身體權、自由權、健康權、名譽權、姓名權、肖像權、資格權、隱私權等權利在內。
2. **身分權**：謂人在社會上地位所應享有的權利，包括親屬權、繼承權等權利。

此等權利原為私法之觀念，在公法如憲法上則屬於人權或人民基本權利之範圍。

管 歐

人事行政・人事制度・人事政策・
人事管理・考銓制度

1. **人事行政**：乃國家有關人事方面行政事項的概稱，舉凡國家對於公教人員的考試、任用、銓敘、考績、級俸、陞遷、保障、褒獎、撫卹、退休、養老等事項（憲83），均屬於人事行政的範圍（參見另條組織行政、人事行政）。
2. **人事制度**：乃人事行政制度的簡稱，或稱文官制度，乃人事行政中所形成的一種法定型態，如所謂簡薦委任的品位制、職位分類制、考銓制度、退休制度等是。人事行政有屬於制度上者，亦有非屬於制度上的事項，其範圍廣；人事制度則為構成人事行政的內容與定型，其範圍狹。
3. **人事政策**：乃指人事行政運作上的策略、方針或重點，例如：考試採資格考試？抑採任用考試？命令退休的法定年齡究應降低？抑應提高？等事項，均為人事政策問題。人事政策恆為建立人事制度的起因；人事行政有屬於政策性的，亦有非政策性的經常事項，其範圍自較人事政策為廣泛。
4. **人事管理**：僅為人事行政所使用的方法，亦稱科學管理，其構成人事行政的內容。惟人事行政尚包括人事制度的建立、人事政策的抉擇、人事行政的主旨及目的事項在內，並非單純的人事管理所能概括，自與整體人事行政的概念有別。

5.**考銓制度**：有廣狹二義，狹義僅指考試與銓敘的制度，廣義則與人事制度的意義相當。因考試與銓敘事項，為人事制度中的重點所在，乃最主要的人事行政事項，惟與整體人事行政的觀念，自仍有別。

蔡墩銘

人證・證人

均指人的證據方法。1.人證，謂以生存之人為證據（刑訴210）。2.證人，謂為法院或檢察官所命，對自己過去所經驗之事實予以陳述之第三人（刑訴160、163、166、167、168、175、176、177、178、180）。

管 歐

人權・國民權

所謂人權，乃指人民所享受一切自由及權利之泛稱，如世界人權宣言（1948年12月10日聯合國通過）所揭示人民之各種自由權利，及中華民國憲法第二章所規定人民之權利，諸如：自由權、平等權、生存權、工作權、財產權及參政權等均包括之，得概稱為人權，其涵義甚廣。

所謂國民權，因其為人民所享有，故稱為國民權，而與政府所享有行政、立法、司法、考試、監察五種治權之為政府權者相對稱。故民權之涵義較狹，其性質為政權，僅為人權範圍之參政權部門，自與泛稱人權者有別。

賴源河

入股・退股

入股、退股乃股東取得或喪失股東身分之行為。入股為公司成立後原始取得股東資格之行為；退股則指公司存續中，基於特定股東之意思或法定原因，使股東絕對的喪失其股東資格而言。關於入股、退股，因公司組織性質不同，而異其規定：

1.**無限公司**：其為人合公司，特重人之因素，故對股東資格之取得或喪失，均設有嚴格之限制：(1)入股，無限公司股東之入股，其性質應認為係一種契

約，欲使此項契約生效，必須變更公司章程，故入股契約，常以變更章程為其停止條件；但變更章程須全體股東之同意，且應依法為章程之變更。(2)退股，可分為兩種，即聲明退股與法定退股，(a)聲明退股：由股東本人自願聲明退股之情形。為兼顧公司債權人之利益，在退股後一定期間內，令其負連帶無限責任，此又可以時間之不同而分為：a年終退股：即在章程未定有公司之存續期間者，除另有規定外，股東得於每會計年度終了退股。但應於6個月前，以書面向公司聲明（公65 I）。b隨時退股：即股東有非可歸責於自己之重大事由時，不問公司定有存續期限與否，均得隨時退股（公65 II）。(b)法定退股：為法律所規定之退股原因發生，而不待公司或股東為任何行為，即當然發生退股之效力。法定退股原因有六：(1)章程所定退股事由。(2)死亡。(3)破產。(4)受監護或輔助宣告。(5)除名，除名之原因有四：(a)應出之資本不能照繳或屢催不繳者。(b)股東違反「不得為他公司之無限責任股東或合夥事業之合夥人」之規定者（公54 I）。(c)有不正當行為妨害公司利益者。(d)對於公司不盡重要之義務者。(6)股東之出資，經法院強制執行者（公66、67）。

2. **兩合公司**：(1)入股，本法無特別規定，準用無限公司之規定。(2)退股，又可分為：(a)無限責任股東之退股：準用無限公司之規定（公115、準用65、66）。(b)有限責任股東之退股：又可分為：a自願退股：遇有非可歸責於自己之重大事由時，得經無限責任股東過半數之同意退股，或聲請法院准其退股（公124）。b法定退股：有遭除名而退股；因章程所定之退股事由之發生而退股；有限責任股東如受破產宣告時亦為退股之原因（公115、準用66）。

3. **有限公司**：(1)入股，因為有限公司兼具人合與資合之性質，且公司章程也要記載股東姓名，故股東之變更也要變更章程，故應與無限公司同。(2)退股，有限公司之股東是否得為退股，或經股東決議除名，在公司法均未有規定，但因有限公司具有資合公司之性質，減資應經全體股東同意（公106）。

4. **股份有限公司**：因為股份有限公司特重資合性，並不重視股東個人色彩，且股份取得、轉讓相當自由，故只要取得股票即可取得股東之資格，股票一移轉，即喪失股東之身分。

三　劃

管　歐

三權憲法‧五權憲法

　　三權憲法為歐美各國之憲政體制，憲法所規定之政府組織，分別由行政、立法、司法三種機關行使其職權，其性質乃政權與治權混淆不分，其作用在互相制衡，其目的在防止政府之專橫。

　　五權憲法為我國之憲政體制，乃　國父孫中山先生所首創，現行之中華民國憲法雖並未以「五權憲法」命名，惟其本質即係五權憲法，因憲法所規定之政府，分別由行政、立法、司法、考試、監察五院行使五種治權（憲53、62、77、83、90），其性質政權與治權劃分，以人民所享有之選舉、罷免、創制、複決四種政權，管理政府之五種治權；其作用不在五權之互相制衡，而重在分工合作，其目的在使政府成為萬能政府。

管　歐

大法官會議‧大法官全體審查會議

1.**大法官會議**：司法院大法官，以會議方式，合議審理司法院解釋憲法與統一解釋法律及命令之案件，是即為大法官會議，其解釋憲法，應有大法官現有總額三分之二之出席，及出席人三分之二同意，方得通過。但宣告命令牴觸憲法時，以出席人數過半數同意行之，大法官統一解釋法律及命令，應有大法官現有總額過半數出席，及出席人過半數之同意，方得通過。大法官會議時，其表決以舉手或點名為之（大法官法2、12、14）。
大法官會議以司法院院長為主席，院長不能主持時，以副院長為主席，院長、副院長均不能主持時，以主席會議之資深大法官為主席，資同以年長者之充之（大法官法16 I）。
2.**大法官全體審查會議**：大法官分受聲請解釋案後，與同小組大法官共同審查，作成審查報告，提請大法官全體審查會議審查或逕提大法官會議議決

之；聲請解釋案件經審查小組認應不受理，但有：(1)審查小組認為可能發生爭議者，或(2)審查小組大法官有不同意見者，仍由大法官全體審查會審查之。案件經大法官全體審查會議審查完竣後，提大法官會議討論議決之（大法官法施則8、9、19 I）。

　　大法官全體審查會議，由值月大法官召集，並由大法官輪流擔任主席（大法官法16 II）。

蔡墩銘

大赦・特赦

　　均指依行政權而使公訴權或刑罰權消滅。1.大赦，謂總統依法行使之權利，使已受罪刑之宣告者，其宣告為無效。未受罪刑之宣告者，其追訴權消滅（憲40、赦2）。2.特赦，謂總統所行使之權利，使受罪刑宣告之人經赦免者，免除其刑之執行，其情節特殊者，得以其罪之宣告為無效（憲40、赦3）。

管　歐

大赦・特赦・減刑・復權

　　總統依法行使大赦、特赦、減刑及復權之權（憲40），概稱為赦免權，依赦免法規定（赦2、3、4、5）：
1.**大赦**：已受罪刑之宣告者，其宣告為無效，未受罪刑之宣告者，其追訴權消滅。
2.**特赦**：受罪刑宣告之人經特赦者，免除其刑之執行，其情節特殊者，得以其罪刑之宣告無效。
3.**減刑**：受罪刑宣告之人經減刑者，減輕其所宣告之刑。
4.**復權**：受褫奪公權宣告之人經復權者，回復其所褫奪之公權。

蔡墩銘

上訴・非常上訴

均指向上級法院表示不服而請求救濟之方法。1.「上訴」，謂對於下級審法院尚未確定之判決向上級審法院請求救濟（刑訴344、345、346、347、348、349、350、361、375）。2.「非常上訴」，謂判決確定後，發現該案件之審判係違背法令者，最高法院之檢察長向最高法院所提起上訴（刑訴441、442、443、444、445、446、447、448）。

蔡墩銘

上訴・準上訴

均指對於未確定判決不服之救濟方法。1.「上訴」，謂當事人對於不確定判決，聲明不服，請求上級法院予以撤銷或變更，以資救濟之情形。2.「準上訴」，謂宣告死刑或無期徒刑之案件，原審法院應不待上訴，依職權逕送該管上級法院審判，此種情形視為被告已提起上訴（刑訴344 V）。

管　歐

工會・工業團體

工會，以保障勞工權益，增進勞工知能，發展生產事業，改善勞工生活為宗旨的組織體，以在工會組織區域內，年滿十六歲之男女工人加入者為會員（工會1、12），亦即其構成份子為工人之個人。

工業團體，以協調同業關係，增進共同利益並謀劃工業之改良推廣，促進經濟發展為宗旨的組織體。其分類體系為：1.工業同業公會，如省（市）工業同業公會、全國工業同業公會等是，2.工業會，如省（市）、縣（市）工業會、全國工業總會等是（工業團體1、3），亦即其構成份子（會員）為工人之團體。

四 劃

管 歐

六法全書・六法判解

　　六法全書及六法判解之名稱，為習法人士及法律編纂者所慣用，最初所謂六法，係指憲法、民法、商法、刑法、民事訴訟法及刑事訴訟法六種基本法典，後因民商法合併，商法不復獨立存在，學者有以法院組織法或其他法律列入，以彌補商法之遺缺，俾沿用六法之名稱，其編輯此等六法以成書者，謂為「六法全書」；其附加有關六法之司法判例及解釋而成書者，謂為「六法判解」。

　　實則沿稱之六法，偏重司法性質方面之法律，未能包括國家法律之整體，且以國家根本大法之憲法，與民法、刑法等法律並列齊觀，亦輕重失衡，現時若仍沿用「六法」一詞，應以憲法、行政法、立法法、司法法、考試法、監察法六種法典為其構成內容，庶與憲政體制及法律體系相符，至於所謂「現行法律彙編」、「法規大全」等類書籍，顧名思義，較符實際。

陳榮宗

中止・中斷・停止

1.**中止**：指對於一定行為之實行狀態使其結束而不使發生預期結果之行為，通常用於行為之中止。
2.**中斷**：指時效之進行，因法定原因之發生，而使已經進行之部分時間歸於無效，中斷後，時效進行必須重新起算。民法上消滅時效之中斷，則為其例（民129以下）。
3.**停止**：指訴訟行為或訴訟程序之不繼續而停留之狀態，例如民事訴訟法第168條以下規定訴訟程序之停止。又刑法上之追訴權時效及行刑權時效有停止進行之規定，此際，停止係指時效不繼續進行之停留狀態而言。停止後繼續再進行之時效得合併計算（刑83以下）。

中央立法權‧省立法權‧縣立法權

　　中央立法權，由國家最高立法機關之立法院行使之，其所立之法，稱為法律（憲62、63、170），亦即國家法律。

　　屬於省之立法權，由省議會行之，其所立之法，概稱為省法規；省法規與國家法律牴觸者無效（憲113Ⅱ、116）。但依據民國86年7月13日公布之憲法增修條文第9條規定，上述條文以不再適用，即省不再擁有立法權限。

　　屬於縣之立法權，由縣議會行之，其所立之法概稱為縣單行規章；縣單行規章與國家法律或省法規牴觸者無效（憲124Ⅱ、125）。

　　惟「法規」或「規章」二字的連用，乃學術上及習慣上的概括稱謂，有時兼指法律或規章二者而言，有時則泛指一切規章，並非每種法規的具體名稱。因法律各別的具體名稱，為法、律、條例或通則；規章各別的具體名稱，為規程、規則、細則、辦法、綱要、標準或準則（法規標準2、3）。

中央行政機關‧地方行政機關

　　行政機關職權的行使，是否以地區為限，得分為中央行政機關及地方行政機關。中央行政機關，亦稱國家機關，其行政職權普及於全國，不以某一地區為其管轄範圍，如行政院及其所屬各部、會、署、局是，惟國家僅就某一地區設置機關以掌理該地區內的某種行政事務者，其性質仍為中央行政機關。

　　地方行政機關亦稱自治行政機關，其職權僅以某一地區為其管轄範圍，如省、縣、市政府及其所屬各機關是。

中央法規標準法‧標準法

1. **中央法規標準法（民國59年8月31日總統公布）**：中央法規之制定、施行、適用、修正及廢止，除憲法規定外，依本法之規定（法規標準1）。
2. **標準法（民國35年9月24日國民政府公布）**：為制定及推行共同一致之標

準，並促進標準化，謀求改善產品、過程及服務之品質、增進生產效率、維持生產、運銷或消費之合理化，以增進公共福址，特制定本法（標準1），定名過於抽象，似以修正更名為「產品制定標準法」較宜。

管 歐

中央集權制・地方分權制・均權制度

關於中央與地方權限之劃分，各國恆於憲法中規定之，約分三種制度：

1.**中央集權制**：亦稱集權主義，乃將國家一切事務，無論為行政、立法或司法，均集中由中央政府行使之，僅以法律賦予地方有限度的事權，並時受中央之指揮監督，此制單一國家多採之，其利在加強國家之統一性，其弊則中央易趨專橫，難以適應地方之特殊環境。

2.**地方分權制**：亦稱分權主義，凡屬於地方內之事務，均由地方政府辦理，中央僅處於監督地位，此制聯邦國家多採之。其利可適應各地之實際情況，其弊則在影響國家之整體性。

3.**均權制度**：亦稱均權主義，為 國父孫中山先生所倡導，憲法規定中央與地方之權限，即採此制，凡事務有全國一致之性質者，劃歸中央；有因地制宜之性質者，劃歸地方，不偏於中央集權或地方分權，以事務之性質為劃分之標準，而非以地域為標準，折衷集權與分權之制，具有兩制之利而無其弊。

憲法分別列舉由中央立法並執行之事項，及由省、縣立法並執行之事項，除列舉事項外，如有未列舉事項發生時，其事務有全國一致之性質者屬於中央，有全省一致之性質者屬於省，有一縣之性質者屬於縣，遇有爭議時，由立法院解決之（憲107至111），以貫徹均權制度之主旨。

賴源河

公司重整・公司破產

公司重整者乃是公開發行股票或公司債之公司，因財務困難，暫停營業，或有停業之虞，且有重建更生之可能及經營價值者，經法院裁定，予以整頓，以謀公司事業之復興之制度，其目的是拯救公司免於破產，以達公司重生，來保護大眾及債權人之利益，用以維護社會經濟秩序的安定。而公司破產是公司

不能支付或資產不足抵償時，依一定程序處分其財產，使各債權人都能平均受償後，公司歸於消滅。

　　公司重整與公司破產不同之處，在於：

1.**目的不同**：前者在於挽救公司免於破產，以達更生機會，後者在清算公司，處分其財產，使其債權人能平均受償。

2.**對象不同**：前者以公開發行股票或公司債之股份有限公司為限，後者則無限制，凡具有破產原因者，均可適用。

3.前者是以公司財務困難，**暫停營業或有停業之虞為原因**，後者以不能清償債務為原因。

4.前者不能依職權宣告，後者以聲請主義為原則，例外法院亦得以職權宣告。

5.裁定重整之效力，優於宣告破產之效力，蓋裁定重整後，因破產所生之程序當然停止。

6.**聲請人不同**：公司重整之聲請得由董事會、債權人及股東為之，破產之聲請則以公司之負責人及債權人為限，公司股東並無權聲請。而且在聲請破產時債權人之資格並無限制，但在重整之聲請，債權人其債權額必須相當於公司已發行股份總數金額百分之十以上。

7.就權利種類而言，破產法有別除權（破108Ⅱ）。但在公司重整中，雖有優先權，和有無擔保債權之分，但此類債權之行使，非依重整程序不得為之。

8.就意思機關而言，破產之情形，其意思機關為債權人會議，並不包括股東，但在公司重整時，意思機關為關係人會議，其成員除債權人外，並包括股東，而且除公司無資產淨值外，股東仍有表決權。

管　歐

公布・發布

　　公布、發布，均是公開宣告，昭示週知之意。惟憲法規定：「總統依法公布法律，發布命令」（憲37）。對法律用公布字樣（憲72、170），對命令用發布字樣（憲43、95），中央法規標準法亦然（法規標準3、4、7、13），因而對於法律之宣告昭示，謂之公布；對於命令之宣告昭示，謂之發布。

公有公物・私有公物

公物以其所有權是屬於政府？抑屬於人民？得分為：

1. **公有公物**：公物的所有權，為各級政府所自有，無論其為國有、省（直轄市）有，或縣（市）有，均為公有公物，或稱自有公物，如各機關的辦公處所，多為各級政府的房地產是。

2. **私有公物**：公物的所有權屬於一般人民，而非政府所自有，各機關僅有其使用權者，為私有公物或稱他有公物，如各機關租賃的私人房屋以供公務之用是。

公共場所・公眾得出入之場所

均指多數人可以進出之場所。(1)公共場所，謂不特定多數人集合之場所，如廣場、道路、公園或戲院是（刑266）。(2)公眾得出入之場所，謂不特定多數人得隨時出入之場所，如商店、百貨公司、飯店、旅館、茶樓或酒館（刑266）。

公權力・公權利

1. **公權力**：公務機關依公法規定行使公權所發生的效力，謂為公權力，舉凡公定力、確定力、拘束力及執行力，其性質均為公權力。

2. **公權利**：即主觀公權利，又稱為公法上之權利，指人民依據憲法或行政法律之規定，得為其本身之利益向國家請求做成特定行為之權能；而且，當此種權能受到行政主體之侵害，可以提起行政爭訟或其他替代性的爭訟排除之。

胡博硯

公權利・反射利益

1. **公權利**：即主觀公權利，又稱為公法上之權利，指人民依據憲法或行政法律之規定，得為其本身之利益向國家請求做成特定行為之權能；而且，當此種權能受到行政主體之侵害，可以提起行政爭訟或其他替代性的爭訟排除之。
2. **反射利益**：指的是法規之反射效果，法規之目的在於保障公共利益而非私人利益，但因其規定對私人也產生有利之附隨效果。

管　歐

公法・私法

　　關於公法、私法之說，甚為分歧：有謂國家與人民間之關係，及人民相互間之關係，均是權利義務關係，無區別公法、私法的必要；有謂法律均由國家基於公的權力所制定施行，國家與人民皆有共同遵守的義務，其性質為公法，無所謂私法；亦有謂國家制定法律，在於各個私人的遵守，其性質為私法，而非公法。

　　就多數國家及我國法制言之，法律有區分為公法、私法的必要，因關於私法上權利的爭訟事件，屬於普通司法法院之裁判職權；關於公法上權利的爭執事件，則屬於行政裁判機關，如我國行政法院之裁判職權。

　　至於公法、私法區別的標準，亦不一其說：

1. **權力說**：又稱意思說，謂公法以國家權力為要素，有強制人民服從的效力，如刑法是；私法則以私人意思自由為要素，無強制服從的效力，如民法是；惟此說欠妥，因公法中亦有無權力服從的強制性者，如國際公法是；私法中亦有權力服從的強制性者，如民法中關於親權行使的規定是。
2. **利益說**：又稱目的說，謂法律以保護公益為目的者為公法，以保護私益為目的者為私法；惟此說亦不妥適，因公益與私益有時難以明確劃分，國家及社會公益，與個人私益，固息息相關，而個人的私益，亦恆與國家及社會公益，發生影響。
3. **主體說**：謂法律規定的主體，一方或雙方當事人為國家或公法人者為公法，若雙方當事人均為私人或私法人者則為私法，惟此說亦欠妥當，因刑法為公

法，對於私人相互間的侮辱罪，亦有規定；民法是私法，國家與人民間的私經濟行為，如買賣、租賃等行為，仍適用民法中有關各規定。

4.**應用說**：謂法律所規定的權利，不許私人的意思自由拋棄者為公法，其可以自由拋棄者則為私法；惟此說亦欠妥適，因有關選舉的法律是公法，選舉人得自由拋棄其投票選舉權，刑法是公法，其中親告罪的追訴權，得自由拋棄；民法是私法，其中規定人的權利能力、行為能力及自由，均不得拋棄（民16、17）。

5.**法律關係說**：謂法律規定國家與國家間，或國家與人民間公的權力關係者為公法，至於規定國家與公法人間，公法人相互間，或公法人與人民間的權力關係，其性質亦是公法；反之，若法律規定個人相互間，或國家與個人間私的權利關係，則是私法；至於法律規定國家與私法人間，私法人相互間或私法人與個人間的私權關係，其性質亦是私法。

關於公法私法的區別標準，自以法律關係說為較妥適，因法律規定公的權力關係者，即為公法，所以國家、公法人及私人均得為公法上的主體；法律規定私的權利關係為私法，因而國家、公法人及私人亦均得為私法上的主體。

法律固得區別為公法與私法，惟尚有公法私法混合性質的法律，亦即法律所規定的事項，一方面含有強制作用的權力關係，一方面亦含有自由意思的權利關係，如著作權法、專利法及勞動基準法等法律均是，此種法律，有稱之為「公法私法混合區域」（Territorial Mireture）或「公法私法的中間區域」。

管　歐

公庫・國庫・省庫・市庫・縣庫

公庫指為政府經管現金、票據、證券及其他財物的機關，有國庫、省庫、市庫及縣庫之分。國庫經管中央政府現金、票據、證券及其他財物，亦即中央政府的公庫稱國庫，以財政部為主管機關，國庫關於現金、票據、證券的出納、保管、移轉及財產的契據等的保管事務，除法律另有規定外，以中央銀行為代理機關（國庫2、3）。

市政府的公庫稱市庫，縣政府的公庫稱縣庫，以各該市縣政府為主管機關（公庫2）。

公務用公物・公眾用公物

公物以其是為政府機關使用，抑為民眾所使用，得分為：

1. **公務用公物**：指直接以供作各級政府機關公務上使用為限，一般人民不得使用的公物，如軍用物品、各機關辦公房屋及辦公用品等公物是。

2. **公眾用公物**：指直接供作一般民眾通常使用的公物，如鐵路、公園、博物館、公眾閱覽室等公物是。

公務員・公務人員・官員・官吏・公職

我國憲法及現行法律對於服公務的人員，用語不一：有稱公務員、公務人員、官員、官吏或公職（憲18、24、28Ⅲ、41、、75、77、85、86、97、98、103）。概括言之：公務員與公務人員的意義相當；官員與官吏的意義無殊；無論為公務員、公務人員、官員或官吏，乃均屬公職，亦即係任公職或服公職。

惟：(1)公務人員的涵義，較官吏為廣，官吏固為公務人員，但公務人員並非即為官吏，如各級民意代表雖為公務人員，而非官吏是；(2)公職的涵義，較公務人員為尤廣，因公務人員固係公職，但擔任公職者，並非均為公務人員，如各種公會的工作人員雖係公職，而非公務人員是。

至於公務員即公務人員的實質意義，刑法第10條第2項規定：稱公務員者，謂下列人員：

一、依法令服務於國家、地方自治團體所屬機關而具有法定職務權限，以及其他依法令從事於公共事務，而具有法定職務權限者。

二、受國家、地方自治團體所屬機關依法委託，從事與委託機關權限有關之公共事務者。

若引申其義，則公務人員者，乃國家依法令特別選用，從事公務，對國家負有忠誠且無定量工作義務的人員。

官吏既包括於公務員範圍之內，則關於公務員的意義，官吏亦自有其適用。

公職人員既非均為公務人員，僅得謂為依法令從事於公共職務的人員（釋4、5、6、7、8、11、15、20、22、24、25）。

公務員能力要件・公務員資格要件

公務員的任用要件，得分為能力要件及資格要件：

1. **公務員能力要件**：指公務員任用時所應具有的權利能力及行為能力，乃為一般公務人員所均應具有的基本要件。權利能力指享有權利的能力，例如為中華民國公務員，須具有中華民國的國籍，及未被褫奪公權是。行為能力指其行為能發生法律上效果的能力，例如須達到某種法定年齡，始得任用為某種公務員是。

2. **公務員資格要件**：公務員的任用，尚須具備資格要件，其資格因公務人員的種類而異，例如：司法、外交、主計、警察等人員的任用資格，各不相同，分別依其任用法律的特別規定。公務人員任用法所規定者，僅為一般公務人員的任用資格，以依法考試及格或依法考績升等，或在該任用法施行前依法銓敘合格者為限（公任9）。

公訴・自訴

均指刑事案件之起訴。(1)公訴，檢察官代表國家而提起之訴訟，即檢察官依偵查所得之證據，足認被告有犯罪嫌疑者，應提起公訴（刑訴251、264）。(2)自訴，謂有行為能力之犯罪被害人所提起之刑事訴訟。犯罪之被害人無行為能力，或限制行為能力或死亡者，得由其法定代理人、直系血親或配偶為之（刑訴319、320、321、322、323、324、325、326）。

公眾・聚眾

均指不特定之人或多數人。(1)公眾，謂已經集合之不特定之人或多數

人，所謂不特定之人乃指隨時可以增加之情形（刑151）。(2)聚眾，謂不特定多數人之集合，有隨時可以增加之狀況，若僅集合特定之多數人，不可能隨時增加其人數，不得謂為聚眾（刑136、149、150、161、283）。

公營公用事業・民營公用事業

依民營公用事業監督條例所指的公用事業，為：1.電燈、電力及其他電氣事業，2.電車，3.市內電話，4.自來水，5.煤氣，6.公共汽車及長途汽車，7.船舶運輸，8.航空運輸等事業（民營公用事業監督2）。此等公用事業由中央或地方政府公營者，為公營公用事業；若依法准許由人民經營之者，則為民營公用事業。

公營事業・國營事業

公營事業包括國家（中央）公營事業及地方（省、縣、市）公營事業在內。

1. **公營事業**：依公營事業移轉民營條例的規定，公營事業係指下列各款（移轉民營3）：(1)各級政府獨資或合營的事業。(2)政府與人民合資經營的事業。(3)政府與前二款公營事業或前二款公營事業投資於其他事業，其投資之資本合計超過該投資事業資本百分之五十者。
   本條例中所稱政府，不僅指中央政府，即省、縣、市政府自亦在內。

2. **國營事業**：依國營事業管理法的規定，國營事業如下（國業管3）：(1)政府獨資經營者。(2)依事業組織特別法的規定，由政府與人民合資經營者。(3)依公司法的規定，由政府與人民合資經營，政府資本超過百分之五十者。
   本法所稱政府，則僅指中央政府，地方的省、縣、市政府，並不在其列。

中華民國憲法・中華民國憲法增修條文

中華民國憲法增修條文，已有七次，初由第一屆國民大會第二次臨時會通過增修條文第1條至第10條，是為第一次修憲（民國80年5月1日總統公布）。

第二屆國民大會臨時會通過憲法增修條文第11條至第18條，是為第二次修憲（民國81年5月28日總統公布）。

第二屆國民大會第四次臨時會通過修正憲法增修條文第1條至第18條為第1條至第10條，是為第三次修憲（民國8 3年8月1日總統公布）。

自法理言之，憲法增修條文構成憲法之內容，原得概稱為憲法，惟在適用上則憲法增修條文恆排斥憲法中有關條文之適用，或不受憲法有關規定之限制，一似增修條文與憲法顯然有別，而自外於憲法，然不得以此而影響增修條文本身之性質，即為憲法，亦即構成中華民國憲法所增修的內容。

第三屆國民大會第二次會議將第三次憲法增修條文全盤調整，修正為第1條至第11條，是為第四次修憲（民國86年7月21日總統公布）。

第三屆國民大會第四次會議通過修正中華民國憲法增修條文第1條、第4條、第9條及第10條條文，是為第五次修憲（民國88年9月15日總統公布）。但該次憲法增修，就增修時議決之程序採取無記名投票，有違公開透明之原則及國民大會議事規則。且增修條文第1條第1項至第3項、第4條第3項其內容與憲法中具有本質重要性而為規範秩序賴以存立之基礎，有所悖格。大法官釋字第499號解釋宣告無效。

由於第五次憲法修正條文遭大法官宣告違憲，第三屆國民大會第五次會議將第五次憲法增修條文以全文修正模式予以修正，修正後全文共計11條，是為第六次修憲（民國89年4月25日總統公布）。該次的修憲將國民代表大會改變為任務型的國民代表大會，職權為複決立法院所提之憲法修正案、領土變更案；議決立法院提出之總統、副總統彈劾案。

民國93年8月立法院提出憲法修正案，經公告半年後，94年5月14選出任務型國大300人複決通過修正條文共11條，此次為第七次修憲。（民國94年6月10日總統公布）

中華民國憲法・動員戡亂時期臨時條款

1. **中華民國憲法（以下簡稱憲法）：** 乃中華民國國民大會（制憲國民大會）受全體國民之付託，依據 孫中山先生創立中華民國之遺教，為鞏固國權、保障民權、奠定社會安寧、增進人民福利，而於中華民國35年12月25日國民大會第二十次會議所制定，全文175條，並議定中華民國36年12月25日為憲法施行日期，經國民政府36年1月1日公布，同年12月25日施行，乃為立國建國的根本大法，亦為國家法統正統之所在。

   憲法規定中華民國基於三民主義，為民有、民治、民享之民主共和國，主權屬於國民全體，憲法的特質甚多，如：(1)權能劃分是憲政的基本原則。即是國家的政治，權與能，應予分開，人民有權，為選舉、罷免、創制、複決四種政權，是為民權；政府有能，為行政、立法、司法、考試、監察五種治權，是為政府權，以人民的四種政權，管理政府的五種治權，人民不患政府專橫而不能管理，亦不至使政府無能而廢弛國事；(2)地方自治是憲政的基礎。憲法中「地方制度」一章，規定省、縣、市均實行自治，又規定「蒙古各盟旗地方自治制度，以法律定之」，及「西藏自治制度，應予以保障」，要係指以地方自治構成地方制度，以奠定憲政的基礎；(3)五權分立是憲政的運用，憲法規定總統為國家元首，對外代表中華民國，而由行政、立法、司法、考試、監察五院，分別獨立平等，行使五種治權，分工合作，所以憲法實即「五權憲法」；(4)採均權制度，劃分中央與地方的權限，凡事務有全國一致的性質者，劃歸中央；有因地制宜的性質者，劃歸地方，不偏於中央集權或地方分權；(5)厲行考試用人，健全人事制度，關於公務人員之選拔，實行公開競爭之考試制度，非經考試及格者，不得任用，以成為有能的政府；(6)釐訂基本國策，為施政目標。關於國防、外交、國民經濟、社會安全、教育文化，及邊疆地區之基本國策，憲法均有原則性的規定，以為政府施政的最高準繩。

2. **動員戡亂時期臨時條款（以下簡稱臨時條款）：** 乃第一屆國民大會依照憲法第174條第1款關於修改憲法之程序所制定，民國37年4月18日國民大會第一次會議第二次大會通過，同年5月10日國民政府公布施行，是為臨時條款制定之始，嗣經四次修正，即民國61年3月17日國民大會第五次會議第九次大

會所修訂者，同年3月23日總統公布，全文共11項，是即現行的臨時條款。

由於國家一面行憲，一面戡亂，憲法與臨時條款遂連稱並用，發生極為密切的關係。臨時條款乃國民大會對於總統授權的淵源，並非構成憲法的內容，而係變更憲法的規定，例如：(1)總統在動員戡亂時期所為緊急處分，不受憲法第39條關於宣布戒嚴或第43條關於發布緊急命令所規定程序的限制；(2)動員戡亂時期，總統、副總統得連選連任，不受憲法第47條連任一次的限制；(3)動員戡亂時期，總統得訂定辦法，充實中央民意代表機構，不受憲法第26條關於國民大會代表選舉，第64條關於立法委員選舉，及第91條關於監察委員選舉的限制；(4)動員戡亂時期，國民大會得制定辦法，創制中央法律原則與複決中央法律，不受憲法第27條第2項關於創制、複決兩權：「俟全國有半數之縣市曾經行使創制、複決兩項政權時，由國民大會制定辦法並行使之」的限制；(5)總統為適應動員戡亂需要，得調整中央政府的行政機構、人事機構及其組織，此即排除立法程序的適用。

臨時條款乃具有憲法特別法的性質，與憲法有特別法與普通法的關係。若對於同一事項，彼此規定不相同時，如上述臨時條款變更憲法所規定的事項，則臨時條款即排斥憲法有關的規定，而優先適用，此即「特別法優於普通法」原則的適用，亦係臨時條款與憲法的關係。憲法與臨時條款同時並行，俾能兼顧憲政體制與適應非常情勢之需要。臨時條款已於民國80年5月1日廢止，動員戡亂時期亦已於同日終止，憲法與臨時條款之並行，已在我國民主憲政之發展歷程有其時代意義及歷史任務。

管 歐

中華民國臨時約法·中華民國約法·中華民國憲法·中華民國訓政時期約法

現行中華民國憲法，為國家根本大法，係民國35年12月25日由制憲國民大會所制定，36年1月1日國民政府公布，同年12月25日施行。在此以前，國家根本大法，依次為中華民國臨時約法、中華民國約法、中華民國憲法，及中華民國訓政時期約法，分別略述於下：

1. **中華民國臨時約法**：民國元年3月11日由臨時大總統公布施行，全文凡7章，共56條。規定政府採行總統與內閣混合制，實施行政、立法、司法三權分

立。要點：(1)以參議院、臨時大總統、國務員、法院行使統治權；(2)立法權以參議院行之；(3)臨時大總統，由參議院選舉之，總攬政務，公布法律；(4)臨時大總統任命國務員，須得參議院之同意，國務員輔佐臨時大總統負其責任；(5)法院依法審判民刑訴訟；(6)詳定人民之權利義務；(7)明定本約法施行後，限十個月內，由臨時大總統依法召集國會；(8)中華民國之憲法，由國會制定，憲法未施行前，本約法之效力，與憲法等。

2. **中華民國約法**：民國3年5月1日由大總統公布施行，全文凡十章，共68條，採總統制。要點：(1)大總統為國之元首，總攬統治權；(2)立法、行政、司法三權分立，惟明定行政以大總統為首長，置國務卿一人贊襄之；(3)立法院之外，另設參政法，總統經參政院之同意，解散立法院；(4)中華民國憲法案，經參政院審定後，由大總統提出於國民會議決定之；(5)國民會議由大總統召集並解散之；(6)本約法自公布之日施行，民國元年3月11日公布之臨時約法，於本約法施行之日廢止。

本約法乃袁世凱任大總統時所制定頒布，獨裁專擅，實為帝制自為的先聲，得稱為「袁氏約法」。迨袁氏竊國稱帝失敗，民國5年6月6日愧憤病逝，同月7日黎元洪以原為副總統身分，繼任為大總統，經於6月29日明令將本約法廢止，仍遵行民國元年3月11日公布的中華民國臨時約法。

3. **中華民國憲法**：民國12年10月10日大總統公布，可謂我國第一部的「中華民國憲法」（與現行的中華民國憲法，名稱相同），當時大總統為賄選國會議員所選出的曹錕，所以有謂其為「賄選憲法」或「曹錕憲法」，實則本憲法係前北京政府時代的「民二天壇憲草」、「民八憲草」及「民十一國是會議憲法草案」多次演遞而成。

本憲法全文，凡十三章，共141條，係採「兩院制」及「內閣制」。要點：(1)立法權由國會行之，國會以參議院、眾議院構成之；(2)行政權由大總統以國務員之贊襄行之；(3)國務總理及各部總長均為國務院國務員，贊襄大總統對於眾議院負責任；(4)大總統所發命令及其他關係國務之文書，非經國務員之副署，不生效力，但任免國務總理，不在此限；(5)列舉由國家立法並執行及由省立法並執行或令縣執行的事項；(6)地方劃分為省縣兩級，省得制定省自治法，縣執行縣自治行政，有立法權，惟無制定縣自治法的規定；(7)司法權由法院行之，憲法有疑義時，由憲法會議解釋之，憲法會議由國會議員組織之。

本憲法因民國13年11月24日段祺瑞執政時頒布「臨時執政制」的「獨裁制」而被廢棄。

4. **中華民國訓政時期約法**：民國20年6月1日國民政府公布。由於北京政府時代，國事蜩螗，南北分裂，國民政府於14年7月1日在廣州成立，公布國民政府組織法，採委員制，並實施黨治，北伐成功，全國統一，曾數度修正，並於17年10月8日再修正國民政府組織法，試行五權制度，而奠定五權憲法的始基，不啻為當時的國家的根本大法。

惟國民政府本革命之三民主義、五權憲法，以建設中華民國，既於軍政時期入於憲政時期，允宜公布約法，共同遵守，以期促成憲政，授政於民選之政府，特遵與創立中華民國之中國國民黨　總理遺囑，召集國民會議於首都南京，於民國20年5月12日由國民會議制定中華民國訓政時期約法，同年6月1日國民政府公布施行。

本約法全文凡八章，共89條，要點：(1)訓政時期由中國國民黨全國代表大會代表國民大會行使中央統治權，中國國民黨全國代表大會閉會時，其職權由中國國民黨中央執行委員會行使之；(2)選舉、罷免、創制、複決四種政權之行使，由國民政府訓導之；(3)行政、立法、司法、考試、監察五種治權，由國民政府行使之；(4)國民政府總攬中華民國之治權，設行政院、立法院、司法院、考試院、監察院及各部會；(5)國民政府設主席一人，委員若干人，由中國國民黨中央執行委員會選任；(6)國民政府主席，對內對外代表國民政府；(7)各院院長及各部會首長，以國民政府主席之提請，由國民政府依法任免之；(8)中央與地方之權限，採均權制度。

本約法施行後，迄至民國36年1月1日公布，同年12月25日所施行的現行中華民國憲法為止，始依「訓政結束程序法」及「憲法實施之準備程序」的規定，以結束訓政，實施憲政。

陳榮宗

中間判決・中間確認判決

1. **中間判決**：係於訴訟進行中，不待終局判決，先就當事人間之中間爭點為判斷之判決。法院於中間判決所判斷之對象為各種獨立之攻擊、防禦方法、中間之爭點、請求之原因及數額俱有爭執時其原因（民訴383）。

2.**中間確認判決**：指對於中間確認之訴所為之判決。原告當事人於訴訟進行中，於某法律關係之成立與否有爭執，而其裁判應以該法律關係為據者，並求對於被告確定其法律關係時，法院所為之確認判決，稱為中間確認判決（民訴255Ⅰ⑥）。中間確認判決係終局判決，並非中間判決。

蔡墩銘

不法利益・不正利益

均指不應獲得之利益。(1)不法利益，謂財產犯罪中侵害他人之財產利益，因而不法取得利益（刑328Ⅱ、339Ⅱ、341Ⅱ、346Ⅱ）。(2)不正利益，謂用為對於公務員或仲裁人職務行為之不法報酬者而言，不以經濟上利益為限，非經濟上之利益，亦包括在內（刑121Ⅰ、122Ⅰ、123Ⅰ）。

蔡墩銘

不治・難治

均指對於身體之傷害。(1)不治，謂身體所受之傷害終身不能治療，無治癒之可能（刑10Ⅳ⑥）。(2)難治，謂身體所受之傷害雖可望治療，但至為困難，如僅需要長時間即可治癒者，實非難治，則與刑法上所定重傷之內容並不相當，祇應成立普通傷害（刑10Ⅳ⑥）。

蔡墩銘

不為・不防止・不履行

均指應為而不為。(1)不為，謂有作為義務者，未盡其作為義務（刑294Ⅰ）。(2)不防止，謂有防止結果發生之義務者，未盡其防止之義務（刑15Ⅰ）。(3)不履行，謂有履行契約義務者，違反其約定而不依照契約履行其契約上之義務（刑108Ⅰ、194Ⅰ）。

不罰前行為·不罰後行為

均指不應處罰之行為。(1)不罰前行為，或稱與罰前行為，謂行為人為實施一定之犯罪，在陰謀或預備之階段，並未被發見，終至將其犯罪予以完成，則對其以前所成立之犯罪雖亦可予以處罰，但因祇處罰既遂或未遂即可，是以對於不必處罰之行為稱之。(2)不罰後行為，又稱與罰後行為，謂行為人於完成其犯罪後，對於其所侵害法益之另一次侵害，不另構成犯罪之情形。

蔡墩銘

不罰·無罪

均指對於犯罪判斷之結果。(1)不罰，謂依法不予處罰，行為不罰，則不能成立犯罪，是以不罰為無罪之前提（刑2Ⅲ、7Ⅰ、18Ⅰ、19Ⅰ、21Ⅰ、Ⅱ、22Ⅰ、23Ⅰ、24Ⅰ）。(2)無罪，謂犯罪不成立，依刑事訴訟法之規定，不能證明被告犯罪或其行為不罰者，應諭知無罪之判決（刑訴301Ⅰ）。

賴源河

支票保付·匯票承兌

兩者之相同點在於支票經保付後，付款人責任與匯票承兌人相同（票138），應負付款的絕對責任，但可有下列之相異點：(1)經保付之支票，不受承兌及提示期限的限制，經承兌之匯票，仍應於到期日或其後二日內，為付款的提示，否則，喪失對於前手之追索權（票69Ⅰ）。(2)支票付款人拒絕保付，執票人不得行使追索權，匯票付款人拒絕承兌，執票人即得行使追索權（票85Ⅱ）。(3)支票保付後，發票人及背書人均免除責任（票138Ⅱ）。故保付人拒絕付款，執票人無追索權，匯票承兌後，發票人及背書人不能免除責任，故承兌人拒絕付款時，執票人仍有追索權。(4)支票之保付，須發票人與付款人間有資金關係存在（票138Ⅲ），匯票的承兌，發票人與付款人間，不問有無資金關係，均得為之。

賴源河

支票・匯票・本票

　　三者均是票據法所規定之票據，所謂匯票者，謂發票人簽發一定之金額，委託付款人於指定之到期日，無條件支付與受款人或執票人之票據（票2）。所謂本票者，謂發票人簽發一定之金額，於指定之到期日，由自己無條件支付與受款人或執票人之票據（票3）。所謂支票者，謂發票人簽發一定之金額，委託金融業者於見票時，無條件支付與受款人或執票人的票據（票4Ⅰ）。前項所稱金融業係指經財政部核准辦理支票存款業務之銀行、信用合作社、農會及漁會（票4Ⅱ）。

　　其三者之區別可歸納如下：

(1)從性質而言，匯票是為預約證券、信用證券及委託證券；本票為預約證券、信用證券及支付證券，支票則為委託證券及支付證券。

(2)就資金關係而言，匯票不必存在，本票無此問題，支票則須有資金關係的存在。

(3)匯票、支票其法律關係是由發票人、付款人及受款人三方面構成，本票則由發票人與受款人兩方面構成。

(4)匯票之主要債務人為承兌人，本票與支票之主要債務人均為發票人。

(5)就發票人之責任而言，匯票發票人負擔保承兌及支付責任，本票發票人自負付款責任，支票發票人負擔保支付之責。

(6)就到期日而言，匯票及本票均不以見票即付為限，支票則限於見票即付。

(7)就付款人及付款地而言，匯票及本票均得不記載付款人及付款地，但支票則須記載付款人及付款地。

(8)就付款人資格而言，匯票付款人之資格並無限制，然本票及支票之付款人均有所限制，本票為發票人自己，支票則限於金融業，即經財政部核准辦理支票存款業務之銀行、信用合作社、農會及漁會。

(9)就預備付款人而言，匯票及本票均得記載預備付款人，而支票則不得記載預備付款人。

(10)就承兌制度而言，匯票有之，然本票及支票則無。

(11)就保證及參加付款而言，匯票及本票均有保證及參加付款之問題，支

票則無。

(12)就保付及劃線制度而言，匯票及本票均無，僅支票有之。

(13)就背書人責任而言，匯票背書人負擔保承兌及擔保付款之責，本票及支票則僅負擔保之責。

(14)就可否提存而言，匯票及本票均可提存為免除債務之方法，支票則不可以。

(15)就保全權利方面而言，匯票，對一切前手（包括發票人）喪失追索權，本票及支票則對發票人以外之前手喪失追索權。

(16)就謄本言，匯票及本票均有謄本規定，而支票則無。

(17)就複本而言，僅有匯票有複本之規定，本票及支票則均無複本之規定。

劉得寬

分別共有‧公同共有‧總有

與單獨所有相對立者為共同所有之形態，共同所有分為總有、共有（分別共有）、合有（公同共有）。分別共有、公同共有民法有明文規定，合為一節，統稱為共有（民817至831），實際上包含了分別共有及公同共有二者。

1. **分別共有**：通常指數人對於一物依其持分（應有部分）共享該物之所有權者。其個人色彩較強，故各共有人得自由處分其持分，並得隨時請求分割共有物為單獨所有。在不分割時，則各共有人得依其持分（持分不明時推定其為均等，民817Ⅱ）對共有物使用、收益、負擔費用等。

2. **公同共有**：為數人基於公同關係而共享一物之所有權者，其公同關係之發生，須依法律規定（數繼承人之共同繼承遺產，民1151），或契約之訂定（如合夥契約）（民827）。公同共有其團體色彩較強，例如在公同關係存續中，各公同共有人不得請求分割共有物（民829），處分共有物須得全體之同意（民828Ⅲ），且各公同共有人並無持分。

3. **總有**：民法上未有規定，日本之入會權屬之，我國習慣上之宗族財產亦類似之。其為由多數人所結合之一種共同體，以團體為所有之主體，團體之成員，以其為團體之一份子之資格得享有標的物（林野等）之使用收益，惟其無應有部分，亦不能請求分割，不能獨立而為讓與，所有物屬於團體，各份

子之使用收益亦受團體之強烈統制，為一團體色彩最濃之一種共同所有形態。

管 歐

分層負責・連帶負責

此二者關係行政責任的歸屬：

1.**分層負責**：指各機關首長將其機關職權範圍內的事項，先作合理分析，依其性質內容，工作繁簡，責任輕重，分別列舉授權事項，授與其所屬各層級主管人員以負責處理之權，被授權人員依照授權範圍內的事項，各自負責處理，毋庸再呈經其上級主管人員核定。其處理成敗或優劣的責任，自屬於該被授權的分層負責人員。

關於分層負責事項，散見於各機關的組織法規、處務規程或辦事細則之中，行政院訂頒「行政機關分層負責實施準則」（民國56年9月8日），惟迄未完成立法程序。

2.**連帶負責**：指各機關某種職權的行使，由同級人員或上下級人員共同的負擔其責任，責任的輕重容有不同，惟彼此間則有不可分離的連帶責任，此於合議制的機關所習見，因其職權的行使，依法由多數人共同負決定或處理之責，其責任自應歸屬於共同負責的同級人員；其未實行分層負責的機關，有關事權處理的責任，亦恆歸屬於上下級人員連帶負擔。

內閣制國家若內閣改組，各閣員均連帶去職，最足以表現連帶負責的政治責任。

蔡墩銘

少年管訓事件・少年刑事案件

均指依少年事件處理法處理之案件。(1)少年管訓事件，謂少年法庭審理之案件，但少年法庭依調查之結果，認為少年犯最輕本刑為五年以上有期徒刑以上之刑之罪者或事件繫屬後已滿二十歲者，應以裁定移送於有管轄權之法院檢察官（少27）。(2)少年刑事案件，謂法院審理少年法庭依少年事件處理法第27條第1、2項所移送之案件（少65、74）。

蔡墩銘

化合質料・合成製品

皆指以煙毒為原料而製成之物料。(1)化合質料，謂使用鴉片、嗎啡、高根、海洛因為原料，與他物化合或配合而成之質料（刑256、257、259、262、263）。(2)合成製品，謂使用嗎啡、高根或海洛因為原料，與他物化合而成之物品（肅煙2）。（肅清煙毒條例已修正為毒品危害防止條例且刪除該名詞）

蔡墩銘

心神喪失・精神耗弱

均指心理發生障礙。(1)心神喪失，謂行為人於行為時之精神，對於外界事務，全然缺乏知覺理會及判斷作用，而無自由決定意思之能力者屬之（刑19、225）。(2)精神耗弱，謂行為人於行為時之精神對於外界事務，並非全然缺乏知覺理會及判斷作用，而僅較普通人之平均程度，顯然減退者屬之（刑19、341）。現行刑法第19條已改稱心智缺陷與精神障礙。

管 歐

五院・五權

五院指行政、立法、司法、考試、監察五院；五權指行政、立法、司法、考試、監察五種治權。五院各為國家各該治權之最高機關，就五種治權歸屬的最高機關言之為五院，就五院所行使五種治權的性質言之為五權，五院與五權有互為表裡分工合作之關係，亦即為中華民國憲法所規定之憲政體制（憲53、62、77、83、90）。

蔡墩銘

文書・公文書

均指記載人類一定意識之物體。(1)文書，謂以文字或符號表示人類之意思或觀念，或記述事實而證明其存在之書面（刑115、220）。(2)公文書，謂

公務員職務上制作之文書（刑10III）。

管　歐

內務行政‧警察行政

1.**內務行政**：簡稱內政，就廣義言之，國家行政事項除外務行政外原均為內務行政，惟就事實上及性質上著眼，其行政業務可另成一體系者，則不屬於內務行政的範圍，因而現制所謂內務行政，係狹義的認定，依內政部組織法規定，內政部掌理全國內務行政事務，包括民政、戶政、役政、社會、勞工、地政、兒福、役政、移民等事項仍均屬於內務行政的範圍（內政部組1、4、5、6、8之1、8之2、8之3、8之4）。

2.**警察行政**：簡稱警政，屬於內務行政的範圍而非內務行政的整體，已見前述。內政部設警政署，掌理全國警察行政業務，統一指揮監督全國警察機關，執行警察任務；而警察任務為依法維持公共秩序，保護社會安全，防止一切危害，促進人民福利（內政部警政署組織條例2、警察2），從而警察行政適用及執行有關法令極為廣泛，最能表徵內務行政的特質。

劉得寬

天然孳息‧法定孳息

　　二者皆為自物所生具經濟上利益之出產物。

1.**天然孳息**：為依物之有機或物理作用，由原物直接產生之收穫物，如果實、動物之產物，以及依物之使用方法所收穫之出產物（民69Ⅰ）。有收取天然孳息權利之人，其權利存續期間內，取得與原物分離之孳息（民70Ⅰ）。

2.**法定孳息**：為因物之使用之對價，而應受之金錢或其他之物，如利息、租金及其他因法律關係所得之收益（民69Ⅱ）。有收取法定孳息權利之人，按其權利存續期間內之日數，取得其孳息（民70Ⅱ）。

蔡墩銘

引誘‧介紹

1. **引誘**，謂勾引誘惑，例如：被引誘人原無與他人姦淫之意思，因引誘人之勾引誘惑，始決意與他人為姦淫之行為（刑231、232、233）。

2. **介紹**，謂使他人認識之行為，例如公然介紹墮胎之方法或物品，或公然介紹自己或他人為墮胎之行為（刑292）。

五劃

管 歐

立法院院長・立法院副院長

立法院設院長、副院長各一人（憲66），二者相同之點：(1)均由立法委員互選而產生，具有立法委員之身分；(2)均不得兼任官吏；(3)均為立法院會議之組成份子；(4)任期均為四年，連選得連任；(5)均非監察權行使之對象，不得以彈劾而使其去職（憲66、75、釋14）。

二者相異之點，在職權之不同。立法院院長之職權，如：(1)立法院臨時會之召集；(2)應總統召集會商解決院與院間之爭執（憲30Ⅱ、44、69）；(3)為立法院會議時為主席；(4)綜理立法院院務等職權（立組4、13）。

立法院副院長之職權，為：(1)立法院會議，院長因事故不能出席時，以副院長為主席；(2)立法院院務，院長因事故不能視事時，由副院長代理其職務（立組4、13）。

管 歐

立法院秘書長・立法院秘書處

立法院置秘書長一人，特任；副秘書長一人，職務列簡任第十四職等，均由院長遴選報告院會後，提請任命之。秘書長承院長之命，處理本院事務，並指揮監督所屬職員。副秘書長承院長之命，襄助秘書長處理本院事務（立組14）。

立法院設秘書處，分組（室）辦事，職掌關於議程編擬，會議紀錄，本院日記，新聞編輯、發布及聯絡，立法資料蒐集、管理及編纂，文書收發、分配、撰擬及印刷，檔案管理，印信典守，出納、庶務、交際，警衛等事項（立組15、16）。

立法院會議・立法院各委員會會議

立法院會議為全院整體之會議，立法院為國家最高立法機關，行使憲法所賦予之職權，而以會議為行使職權之樞紐。立法院會議，須有立法委員總額三分之一出席，始得開會，其會議分為常會與臨時會兩種，常會每年兩次自行集會，第一次自2月至5月底，第二次自9月至12月底，必要時得延長之；在閉會期間中，如遇總統之咨請或立法委員四分之一以上之請求時，得開臨時會（憲62、68、69、立組6）。

立法院委員會會議，乃院內各委員會舉行之會議，立法院各委員會並非立法院之隸屬機關，係院內分工合作之組織，立法院得設各種委員會。如：內政、外交及國防、經濟、財政、預算、教育及文化、交通、邊政、僑政、司法及法制委員會，必要時，得增設特種委員會，各委員會委員，由立法委員分任之，各委員會審議立法院會議交付審查之議案及人民請願書，以會議方式行之，各委員會會議，須有各該委員會委員三分之一出席，方得開會，其審查議案之經過及決議，應以書面提報院會討論；各委員會所議事項，有與其他委員會相關聯者，除由院會決定交付聯席審查者外，得由召集委員報請院會決定與其他有關委員會開聯席會議（憲67、立組10、立法院各委員會組織法2、5、11、13）。

立法院尚有全院各委員會聯席會議，如關於審計長被提名人之審查（立法院職權29）。

立法程序・讀會程序

立法程序指立法機關完成法案之階段或步驟，如提案、審查、討論、決議等程序（立法院議事規則2、4、5、6章）。

讀會程序指立法機關於會議時朗讀法案（即議案）之程序，通常稱三讀會，簡稱讀會，於議案之審查及討論時行之。就立法院審議法律案及預算案言之，應經三讀會之程序。第一讀會，由主席將議案宣付朗讀行之，政府提案於朗讀標題後，即交付有關委員會審查或逕付二讀；立法委員之提案於朗讀後，

經大體討論，則交付委員會審查，或逕付二讀，或不予審議。

第二讀會於討論各委員會審查之議案，或經院會決議不經審查逕付二讀之議案時行之；第二讀會應將議案朗讀，依次或逐條提付討論。

第三讀會除發現議案內容有互相牴觸或與憲法及其他法律相牴觸者外，祇得為文字之修正，因之，第三讀會應將議案全案付表決（立法院職權第2章）。

司法人員・司法官・法官・檢察官

司法人員指依照法令從事司法業務之公務人員，依司法人員人事條例之規定，本條例所稱司法人員，指最高法院以下各級法院及檢察署之司法官、公設辯護人及其他司法人員（司法人事2）。

司法官包括法官及檢察官（司法人事3）：

1.**法官**：最高法院以下各級法院及其分院兼任院長或庭長之法官，及不兼任院長或庭長之法官。

2.**檢察官**：最高法院檢察署檢察總長、主任檢察官、檢察官、高等法院以下各級法院及其分院檢察署檢察長、主任檢察官、檢察官。

檢察官雖為司法官，而非法官，是司法人員之涵義最廣，司法官次之，法官及檢察官又次之。

司法人員・軍法人員

司法人員指下列各款人員（司法人事3至5）：

1.**司法官**：(1)法官：(a)兼任法院院長或庭長之法官；(b)不兼任院長或庭長之法官。(2)檢察官：(a)檢察總長；(b)檢察長；(c)主任檢察官；(d)檢察官。

2.**公設辯護人。**

3.**其他司法人員**：(1)書記官長、書記官、通譯；(2) 司法事務官、主任司法事務官；(3)主任公證人、公證人、公證佐理員；(4) 主任觀護人、觀護人、檢查事務官；(5) 提存所主任、提存佐理員；(6) 登記處主任、登記佐理員；(7)

主任法醫師、法醫師、檢驗員；(8)法警長、副法警長、法警、執達員；(9)依法律所定法院及檢察署應置之其他人員。

4.**司法行政人員**：司法院或法務部辦理民刑事行政事項之司法人員。

軍法人員指軍事審判機關之軍法主官、審判官、軍事檢察官、公設辯護人、書記官、檢驗員、通譯及執法官兵（軍審10）。

管 歐

司法院‧一般法院‧行政法院

1.**司法院**：為國家最高司法機關，掌理民事、刑事、行政訴訟之審判，及公務員之懲戒（憲77）。惟並非直接行使審判及懲戒事項，而分別由司法法院、行政法院及公務員懲戒委員會行使其職權，各該機關均為司法院之隸屬機關，有關司法行政事項，受司法院之監督。

2.**一般法院**：指法院組織法所規定之各級法院（憲82），即地方法院（包括地方法院分院）、高等法院（包括高等法院分院）及最高法院，審判民事、刑事訴訟案件（法組1）。為別於行政法院起見，得稱為司法法院。

3.**行政法院**：掌理全國行政訴訟審判事務（行法組1、2），原無上級及下級行政法院之分，自民國90年起行政法院分為高等行政法院與最高行政法院。

管 歐

司法院院長‧司法院副院長

司法院設院長、副院長各一人。二者相同之點：(1)均由總統提名，經立法院同意任命之（憲增5Ⅰ），(2)均為司法院會議之組成份子，(3)均無一定之任期。

二者相異之點，在職權之不同。司法院院長之職權：(1)為大法官會議時之主席，(2)為總統、副總統就職時宣誓之監誓人（總統、副總統宣誓條例4），(3)提出方案於五院院長組織委員會，解決省自治法施行中之重大障礙（憲115），(4)對各級法院及分院，行使司法行政之監督（法組110），(5)綜理院務並監督所屬機關等職權（司組8Ⅰ）。

司法院副院長之職權，為司法院院長因故不能視事時，由副院長代理其職

務（司組8Ⅱ），大法官會議，司法院院長不能主持時，以副院長為主席（大法官法16）。

司法院秘書長・司法院秘書處

　　司法院置秘書長一人，特任，承院長之命，處理本院事務，並指揮、監督所屬職員；置副秘書長一人，簡任，承院長之命，襄助秘書長處理本院事務（司組9）。

　　司法院設秘書處，掌理關於文書之收發、分配、繕校、保管，文稿之撰擬審核文書之處理，大法官會議之紀錄及各種司法會議之籌劃、議事，施政計畫及工作報告之彙編，印信典守，院令發布，公報編印，款項出納，事務管理，公共關係等事項（司組10）。

司法行政・法務行政

　　司法行政指有關司法之行政事項，與司法審判有別，因司法審判乃獨立行使，不受任何干涉，司法行政乃附隨於非審判性質的事件，仍得由非審判機關或非審判人員行使之，如司法院掌理與民事審判，刑事審判，行政訴訟審判及公務員懲戒審議有關的行政事項（司組12、13、14），法院組織法並有「司法行政之監督」的專章規定（法組110至114），因而各級法院的設置，司法管轄區域的劃分，司法人員的任免，司法經費的籌措，司法裁判的執行，監所的整飭，律師的登錄，公證，提存事件的管理等事項，均屬於司法行政。

　　法務行政的涵義，並不以司法行政為限，凡涉及人民相互間權利義務的得喪、變更、爭議或確定事項，不由司法機關裁判，而由行政機關依行政法的規定以處理之者，得概稱為法務行政，例如專利權之審定、商標權的評定、勞資爭議的仲裁、租佃耕地爭議的調處等事項是。

　　民國69年7月1日審判與檢察分隸制度建立後，將原係隸屬於司法行政部的高等法院以下各級法院，改隸於司法院，由司法院行使其司法行政的監督權，司法行政部並改制為法務部，主管全國檢察、矯正、司法保護的行政事項及行

政院的法務事項（法務部組1），則司法行政與法務行政的觀念，自非完全相同。

管　歐

司法節・法律日

司法節為我國廢除不平等條約的紀念日。不平等條約始於清道光22年（西元1842年）中英鴉片戰爭結束時所簽訂之南京條約。嗣後列強多效尤與我國簽訂不平等條約，其中包括範圍甚廣，而以各國在我國司法方面，享有領事裁判權為尤甚，因其破壞司法權之完整，影響深遠。民國32年（1943年）1月11日我國與英美兩國，依平等互惠原則，改訂新約，其標題即為「取消在華治外法權及處理有關問題條約」，可見新約純以收復法權為主，其他租界、關稅、築路等事，皆為附屬問題，各國亦相繼均廢除不平等之舊約，換訂平等之新約。外人在華取得不平等特權，整整經過1百年之久，我國法權始得完整。35年中央特訂於每年1月11日為司法節，以資紀念。

法律日乃若干國家為尊重法律、宣揚法治所特定的日子，如美國自1958年起，定每年5月1日為法律日（Law Day），日本則於1960年起，定10月1日為法律日，皆經由政府鄭重宣布，韓國、菲律賓、印度等國亦有法律日的指定。

蔡墩銘

司法警察官・司法警察

均指司法警察人員。(1)司法警察官，謂有協助檢察官偵查犯罪之司法警察人員或應聽檢察官之指揮，偵查犯罪之司法警察人員；前者為縣（市）長、警政廳長、警務處長或警察局長或憲兵隊長官，後者為警察官長、憲兵官長、士官或依法令關於特定事項，得行司法警察官之職權者（刑訴229、230）。(2)司法警察，謂隸屬於司法警察官之下，受檢察官及司法警察官之命令偵查犯罪之司法警察人員，如警察、憲兵或依法令關於特定事項，得行司法警察之職權者（刑訴71之1、231）。

主計・歲計・會計・統計・審計

1. **主計**：行政院主計處掌理全國歲計、會計、統計事宜（主計處組1），亦即歲計、會計、統計，合稱為主計。
2. **歲計**：計算一年的收入與支出，如為國家歲計，則為預算、決算之籌編制定等事項（主計處組3）。
3. **會計**：經理及計算財務之出納收支，如為政府及其所屬機關之會計，則為預算之成立、分配、執行，歲入之徵課或收入等事項（會計3）。
4. **統計**：總括計算各種事物之數量，如為政府之統計，則為基本國勢調查之統計、各機關所辦公務之統計等事項（統計3）。
5. **審計**：對於會計上收支數目的審查和核計，如為政府之審計，則為監督預算之執行，核定收支命令，審核財務收支，審定決算等事項（審計2），由監察院所屬之審計部職掌其事。

主管爭議・權限爭議

現行法令及通常所謂權限爭議，恆包括主管爭議在內，實則二者有別：

1. **主管爭議**：指在同一系統下的機關間關於事權管轄的爭執。凡屬同一系統下的機關，對於同一事件，均認為不屬於自己機關權限所生的爭議時，為消極的主管爭議，若均認為屬於自己機關權限所生的爭議時，則為積極的主管爭議。

   主管爭議既發生於同一系統下的機關間，儘可由彼此間的共同直接或間接上級機關基於監督權以解決之，例如行政院所屬各部會發生主管爭議時，由行政院指示解決之，尚不發生權限爭議問題。

2. **權限爭議**：指不屬於同一系統下的機關間關於事權管轄的爭執。凡非同一系統下的機關，對於同一事件，均認為不屬於自己機關權限所生的爭議，為消極的權限爭議；若均認為屬於自己機關權限所生的爭議時，則為積極的權限爭議。

   我國五權憲制，五種治權機關的系統不同，所發生權限爭議時，其解決方

法，可循由總統召集有關各院院長會商解決，或司法院解釋權的運用（憲44、78），或為法律乃至憲法的修改。

主權・統治權

主權為構成國家要素之一，與土地、人民同列為國家三大要素，「中華民國之主權屬於國民全體」（憲2），乃國家自立自決之最高權力，任何一部分人民或個人，皆不得擅自行使主權。就其歸屬言之，形成國體問題；就其觀念言之，為靜態的體制；就其地位言之，對內是最高的，對外是獨立的。

國家之統治權，實係淵源於國家之主權而為活動，就其歸屬言之，形成政體問題；就其觀念言之，則為動態的作用；就其地位言之，則僅係對內有其統治地位，對外則無統治權行使的餘地。

永久行政機關・臨時行政機關

就行政機關設置時期的久暫為標準，得分為永久行政機關及臨時行政機關：永久行政機關指機關於設置時，即有永久經常存在之意，如行政院，各部會署，省縣、市政府及其他依法經常設置的機關是，其日後縱已裁撤，仍不失其為永久行政機關的性質。

臨時行政機關指機關於設置時，即有短暫臨時存在之意，如政府為處理特殊事件，而臨時所設立的機關是，其日後縱繼續存在，仍不失其為臨時行政機關的性質。

永久法・暫時法

法律得分為永久法與暫時法，乃在制定法律時，是否有永遠續存的性質，為區別的標準，永久法又稱為經常法，在制定時即認為應永久繼續存在，如民法、刑法等大多數法律均屬之，其後雖有修正或竟予廢止者，仍不失其為永久

法的性質。

　暫時法又稱為過渡法，乃指在制定時，認為並非長久續存，僅係適應短暫時期的需要所制定。其中又得分為臨時法與限時法：(1)臨時法，指在短暫時期適用，惟其施行期間，並不預先確定，或僅以抽象的概念，以預定其施行期間者均屬之；(2)限時法，指預先明定其施行期間，如定名某年度中央政府總預算施行條例、某年度所得稅稅率條例，其性質均為限時法。法規定有施行期限者，期滿當然廢止，應由主管機關公告之（法規標準23）。

管　歐

代表全國人民行使政權・代表中華民國・代表人民行使立法權

　國民大會代表全國國民行使政權（憲25），政權為選舉、罷免、創制、複決四種，國民大會有補選副總統之權，有提出總統、副總統罷免案之權，議決監察院提出之總統、副總統彈劾案（憲增2），修改憲法，複決立法院所提之憲法修正案（憲27），創制、複決兩權俟法定條件成就時，由國民大會制定辦法並行使之，關於中華民國領土之變更，亦須經國民大會之決議（憲27Ⅱ、4）。

　總統為國家元首，對外代表中華民國（憲35），如行使締結條約及宣戰、媾和之權（憲38），我國駐外使節之派遣，外國派駐我國使節之接受，國際典禮之參與等是。

　立法院為國家最高立法機關，由人民選舉之立法委員組織之，代表人民行使立法權（憲62），實係代表全國人民為立法權之行使，此與省、縣議會分別代表省、縣人民行使立法權者有別。

劉得寬

代理・代表

　皆為代替他人為行為之謂，惟其效果上有所不同。

1.**代理**：為代理人於代理權限內，以本人名義為法律行為者，其法律行為之效力直接歸屬於本人（民103Ⅰ），代理人所能為之行為限於法律行為或準法

律行為。

2.**代表**：代表人代表機關所為之行為，視同本人（法人團體）之行為，例如法人之董事就法人一切事務，對外代表法人（民27 II）。代表除法律行為外，對事實行為亦得為之。

劉得寬

代理人・法定代理人・特別代理人・複代理人

1.**代理人**，為具有代理權而得為代理行為之人。對於代理人因代理權發生之方式有所區別，而有以下等不同之代理人。

2.**法定代理人**，其代理權之產生乃是基於法律之規定，例如，父母為其未成年子女之法定代理人（民1086 I），監護人為受監護人之法定代理人（民1098）。

3.**特別代理人**，乃是代理人之代理權範圍受有特定限制者，又如對於無法定代理人或法定代理人不能行使代理權之無訴訟能力人，在訴訟行為中聲請選任之特別代理人亦是（民訴51參照）。

4.**複代理人**，乃是代理人為處理其權限內事務之全部或一部，而經其選任，直接代理本人為代理行為者。其非為代理人之代理人，複代理人對本人與代理人有同一之權利義務。我國民法並未明文規定複代理人，原則上不許選任（民537、484參照）。惟在法定代理，父母對其未成年子女，得因特定事項，於一定期限內，委託他人行使監護之職務，而得選任複代理人（民1092、5上243參照）。

劉得寬

代辦商・居間・行紀

1.**代辦商**，亦稱代理商（22上2357），乃是受商號之委託，在一定地區內，以該商號之名義，辦理事務者（民558）。

2.**居間**，乃為他人報告訂約機會或為訂約之媒介者（民565），其與代辦商皆係為他人服務，然居間係為一般人服務，而代辦商則係補助一定之商業主

體。

3.**行紀**，指以自己之名義，為他人計算，為動產之買賣或其他商業上之交易者（民576）。其與代辦商不同者，即代辦商是以他人之名義而為商業行為，而行紀則以自己名義為之。

蔡墩銘

未必故意・認識過失

均有關刑事責任發生之根據。(1)未必故意，謂行為人對於構成犯罪之事實，預見其發生而其發生並不違背其本意之情形（刑13 II）。(2)認識過失，謂行為人對於構成犯罪之事實，雖預見其能發生而確信其不發生之情形（刑14）。未必故意與認識過失，均以行為人對於構成犯罪之事實預見其發生為要件，惟一則發生並不違背其本意，一則確信其不發生，此為二者主要之區別。

蔡墩銘

未受允許・未受允准

均指未獲得有經同意者之同意。(1)未受允許，謂應經政府允許之事項，因未受允許而構成犯罪（刑113）。(2)未受允准，謂未受有權者之許可（刑112、156、269、333）。

賴源河

本公司・分公司

此二者係以管轄系統之不同而為之區別：(1)本公司係依法首先設立，以管轄全部組織之總機構，分公司則係受本公司管轄之分支機構（公3 II）。(2)本公司與分公司得設立在同一地址，其數額多寡，法並無明文限制，但在分公司之下不得再設立分公司，其名稱應以本公司名稱後附加地名或數字以資區別。因分公司為公司章程之必要記載事項（公41 I ⑦、101 I ⑥、116、130 I ①），故公司於設立時若同時成立分公司，應載明於公司章程，若設立

後始設立分公司時，應變更章程之記載。(3)分公司為本公司之分支機構，本身並不具有獨立之法人人格，故不能如本公司一般同為權利義務之主體。

賴源河

本國公司‧外國公司

此係以公司之隸屬國籍為標準而作之區分。

(1)兩者均須以營利為目的，但前者是在我國依照我國法律組織登記而成立之公司，後者則係依照外國法律組織登記，並經我國政府認許，在我國境內營業之公司（公4）。而對外國公司之認許，也列有消極要件：諸如目的或業務違反中華民國法律及公序良俗者；設立分公司之地區限制外國人居住或所營業務限制外國人經營者；虛偽之認許申請者（公373），均不予認許。

(2)本國公司及經認許之外國公司，其法律上之權利義務及主管機關之管轄，除法律另有規定外，原則上均相同，外國公司在中國境內原則上可為募集股份及發行公司債等籌措資金之行為，但外國法律不准中國公司在其境內募債者。

蔡墩銘

本位一罪‧包括一罪‧科刑上一罪

均依一罪予以處罰。(1)本位一罪，謂一個犯意所實施之一個行為惹起一個構成要件結果者稱之。(2)包括一罪，謂一個構成要件之規定在本質上含有多數行為並多數結果之犯罪（刑186、187、191、196、207、235、254、255、257、258）。(3)科刑上一罪，謂雖具有數罪之性質，但作為一罪予以處罰之情形，如想像競合犯即是，又稱為處斷上一罪或裁判上一罪（刑55）。

蔡墩銘

本案‧另案

均指承辦之案件。(1)本案，謂實施偵查審判或執行強制處分中之案件

（刑訴137）。(2)另案，謂本案以外其他實施偵查審判之案件（刑訴152）。

管　歐

本俸・年功俸・加給

依公務人員俸給法的規定（公俸2）：

1.**本俸**：係指各官等、職等人員依法應領取之基本俸給，亦即指委任、薦任、
簡任各官等及各職等核敘之俸給。

2.**年功俸**：係指依考績晉敘高於本職或本官等最高職等本俸之俸給。亦即本俸
晉至各職務最高俸級後而無級可晉時，得依考績晉敘高於本俸的俸給。

3.**加給**：係指本俸、年功俸以外，因所任職務種類、性質與服務地區之不同，
而另加之給與。亦得謂為：(1)職務加給，(2)技術加給，(3)地域加給。

蔡墩銘

本數・本刑

1.**本數**，謂刑法法條內所表示之數目，此通常係指刑罰以外之數目，故與本刑
有別，例如十四歲以上，二人以上，五年以內，二裁判以上，解散命令三次
以上（刑18、28、47、53、149）。

2.**本刑**，謂刑法分則各條之刑罰規定，此尤其指與數字有關之刑罰，如有期徒
刑與罰金，例如三年以上十年以下有期徒刑，則三年及十年均屬於本刑。又
如五百元以下罰金，則五百元亦屬於本刑（刑10）。

蔡墩銘

他人・第三人

均指自己以外之人。(1)他人，謂行為者以外之自然人或法人（刑187、
210、211、212、213、214、215、217、252、253、255、298、305、306、
307、313、315、316、320、325、328、335、354）。(2)第三人，謂他人之另
一用語，在法條上與他人混合使用（刑339、341、342、346）。

陳榮宗

以上‧以下‧以內‧逾

　　稱以上、以下、以內者，俱連本數或本刑計算（刑10Ⅰ）。例如恐嚇取財罪，得處六月以上五年以下有期徒刑，六月及五年者皆為本數。以「逾」表示數額者，例加上訴所得受之利益不逾一百萬元者，不得上訴（民訴466Ⅰ），係指在數額上必須超過本數，故上訴所得受之利益僅有一百萬元時，不得上訴。

劉得寬

占有‧準占有

　　對於物予以現實支配者，為占有；而對於財產權為事實上行使者，為準占有。占有，為對於事實上支配物者予以保護之制度，準占有則為事實上行使財產權之情形，二者標的有所不同，然準占有則準用占有之規定。占有之主要效果，如權利之推定（民943），占有受侵害時為回復占有之物上請求權（民962），占有受侵害時占有人之自力救濟權（民960），善意受讓（民948），善意占有人之用益權（民952）及費用求償權（民954、955）等。準占有除因性質上與善意取得有所不合外，其餘自應均得準用，此外，準占有之效力另有：清償人之保護（民310②），所有權以外財產權之取得時效（民772）。

管　歐

母法‧子法

　　法律得分為母法與子法，乃以法律產生的淵源關係為區別的標準，凡一種法律係根據他種法律而產生者，其所根據的法律為母法，其被產生的法律為子法，是為二者的淵源關係，母法所未規定的事項，恆以子法補充之，是為二者的補充關係。母法的制定時期，恆在子法之前，母法的修正或廢止，恆影響子法的修正或存在。此二者區別的實益，乃在表現彼此間的淵源關係、補充作用及其相互間的效力。

管　歐

出席・列席

1.**出席**：指會議之構成份子參與會議，以出席者是否足法定人數，為會議合法與否之認定，已足法定人數，始得開會，出席者有發言權及表決權（憲57②、③）。

2.**列席**：指非會議之構成份子參與會議，與會議之法定人數無關，列席者僅有發言權，無表決權（憲71）。

管　歐

平時法・戰時法

　　法律得分為平時法與戰時法，乃以法律適用於平時或戰時，為分類的標準，平時法指為平時所適用的法律，如民法、刑法等極多數法律均屬之，其於戰時雖亦照常適用者，仍不失其為平時法的性質。

　　戰時法指在戰時所適用的法律，凡法律名稱冠有「戰時」、「戒嚴時期」、「非常時期」、「戡亂時期」或「動員戡亂時期」等字樣者，為戰時法性質。戰時法就平時法所規定的同一事項，彼此規定不相同時，戰時法恆以特別法的性質，排斥平時法而優先適用，否則，戰時法與平時法並行不悖。

管　歐

外務行政・僑務行政

　　外務行政亦稱外交，僑務行政亦稱僑政，均為關係國際間的行政事項，各國多以僑務歸屬於外交部的職掌範圍，我國則以之分屬於外交部及僑務委員會掌理。

　　外務行政即係涉外行政事件，舉凡條約、公約的簽訂，國際組織或會議的參加，駐外使館的設置，使節人員的派遣及接受，出國護照的核發，外人入境的簽證，國外情報的搜集，國際慶弔的參加等均屬之。

　　僑務行政指關於本國在外僑民的行政事務，舉凡華僑事業的輔導，華僑團體的協助，華僑學校教育的指導、監督，華僑社會教育的推廣及職業教育的推

行，華僑狀況的調查，華僑糾紛的處理，華僑回國投資的鼓勵、協助，僑生回國升學的輔導及海外僑營企業發展的協助，國內人民與華僑移殖，探親，應聘的輔導等均是。

犯罪嫌疑人移送・犯罪嫌疑人解送

均指將犯罪嫌疑人送交該管法院或該管檢察官。(1)犯罪嫌疑人移送，謂逮捕機關至遲於二十四小時內移送該管法院或該管檢察官（憲8、刑訴229）。(2)犯罪嫌疑人解送，謂司法警察官、司法警察逮捕或接受現行犯時，應將其送交檢察官（刑訴91、92）。

奴隸・類似奴隸・凌虐

均指予人以不人道之對待。(1)奴隸，謂繼續使其置於他人支配之下，剝奪其意思及行動自由，令其從事違反人道之工作，可為買賣、贈與或其他處分，有損於其人格，不問其名義如何皆屬之（刑296）。(2)類似奴隸，謂雖非使人為奴隸，但不以人道相待，使之不能自由，故與奴隸相似者（刑296）。(3)凌虐，謂對於未滿十六歲尚在發育中之人予以凌辱虐待等非人道之待遇，如對於幼女之纏足、束胸或使幼男為畸形之發育（刑286）。

六　劃

管　歐

行政法・行政法學・行政學

1. **行政法**：乃國內公法，規定行政組織，及其職權與作用之法規的總稱，係有關行政事項法規的概括名稱，而非個別行政法規的具體名稱，所謂行政法，包括：(1)行政事項的法律，簡稱行政法律，得定名為法，為律，為條例，為通則；(2)行政事項的規章，並非法律，僅係命令性質的規定，簡稱行政規章，得定名為規程、規則、細則、辦法、綱要、標準或準則。

2. **行政法學**：指以研究行政法為對象的科學，關於行政法的管理原則，行政法所規定的內容、適用的範圍、發生的作用等事項，均為行政法學的研究對象，就法的本身言，謂之為行政法；就法的研究言，謂之為行政法學。

3. **行政學**：指研究有關行政管理、執行與效能等事項的科學，行政本有廣義狹義之分，狹義的行政，僅指行政機關本於行政職權所為的作用；廣義的行政，乃指國家各種機關的一切作用而言，不以行政機關為限，即附隨於非行政機關，如立法、司法、考試、監察等機關的行政，諸如各該機關籌組設置等事項的組織行政、人事任免獎懲等事項的人事行政、財務預算收支等事項的財務行政、財務管理利用等事項的物料行政，以及一般性的指揮監督及效能促進等作用，其性質不得謂行政事項，均為行政學的研究對象，其與規律行政事項的行政法，自屬不同，亦自與以研究行政法為對象的行政法學有別。

   行政法屬於法律範圍，行政法學屬於法律學範圍，行政學屬於政治學範圍，惟三者均以行政為其重心，行政法因行政法學之研究而得以進步，行政法學須以行政法充實其研究的內容，行政學則可宏揚行政法的作用及與行政法學相輔為用，彼此互有極密切的關係。

行政法律・行政命令

1.**行政法律**：指規定行政事項的法律。法律應經立法院通過，總統公布，得定名為法、律、條例或通則（法規標準2、4），其所規定的內容，有屬於行政、立法、司法、考試，或監察事項，其所規定者為行政事項，始得謂為行政法律。

2.**行政命令**：指行政機關發布的命令。依據行政程序法之規定又可分為法規命令與行政規則，行政程序法第150條第1項規定，本法所稱法規命令，係指行政機關基於法律授權，對多數不特定人民就一般事項所作抽象之對外發生法律效果之規定。同法第159條第1項則規定，本法所稱行政規則，係指上級機關對下級機關，或長官對屬官，依其權限或職權為規範機關內部秩序及運作，所為非直接對外發生法規範效力之一般、抽象之規定。各機關發布的命令，得依其性質，稱規程、規則、細則、辦法、綱要、標準或準則（法規標準3），不以行政機關為限，立法、司法、考試或監察機關均得發布命令。

行政組織・行政機關・行政主體・行政官署

1.**行政組織**：廣義係指國家一切行政機關的綜合體，狹義係指各個行政機關本身組織的構成，與行政機關的意義相當。

2.**行政機關**：指構成各個行政機關的組織體，恆有單獨的預算、編制及組織法規，並得對外行文以獨立行使其職權。依據中央行政機關組織基準法第3條第1款規定，就法定事務，有決定並表示國家意思於外部，而依組織法律或命令設立，行使公權力之組織為行政機關。行政程序法第2條第2項與第3項則規定，本法所稱行政機關，係指代表國家、地方自治團體或其他行政主體表示意思，從事公共事務，具有單獨法定地位之組織。受託行使公權力之個人或團體，於委託範圍內，視為行政機關。

3.**行政主體**：分廣狹二義，狹義之行政主體（Verwaltungsträger, Rechtsträger der Verwaltung），指行政法上享有權利、負擔義務，且具有一定職權得設置機關以便行使，並藉此實現其行政上任務之組織體。此一權利義務主體必須

具有法人格，在德國凡聯邦、邦、地方自治團體、營造物、自主性目的的財產、社會保險機構、受委託行使公權力之企業等等，均屬之。但此一意義在我國法制下，由於公法人資格取得不易，所以除了國家、地方自治團體外，將難有行政主體出現，有學者以為廣義的行政主體，不以具有公法人地位為條件，凡公法上之獨立組織體，有特定職權得設立機關或置備人員，以達成其任務者均屬之。

4. **行政官署**：有謂僅指具有決定國家意思並表示於外部的行政機關首長，此於法理及實際情形不合，行政官署即行政機關，意義並無二致。

行政事務單位‧行政業務單位

1. **行政事務單位**：指行政機關辦理一般性、通常性的事務，如人事、文書、檔案、出納、總務等事務性質的單位，其職掌事項，各機關大抵相同。
2. **行政業務單位**：指行政機關辦理特殊性、專業性之目的事業的單位，如各部會的各司、處、各廳的各科，其職掌事項，各機關彼此互異。

行政法關係的主體‧行政法關係的客體

行政法關係的當事人，得分為主體及客體，其為主體或客體，則以行政法關係的發生、變更，或消滅，是為主動抑為被動而為認定。

1. **行政法關係的主體**：即行政法關係當事人的主體，乃以主動的地位，適用行政法的規定，支配他造的當事人，此時其主動者即為主體，亦稱為能動主體。
2. **行政法關係的客體**：即行政法關係當事人的客體，乃以被動的地位，適應行政法的規定，亦即受支配的當事人為客體，亦有稱為受動主體者。

行政人員・司法人員

文職公務人員中，得大別為行政人員與司法人員，前者指在一般行政機關工作的人員，後者指在司法機關工作的人員。司法人員又有司法行政人員及司法審判人員之分，司法行政人員的性質，仍為一般行政人員，司法審判人員，則為司法官，簡稱法官。

行政人員與司法官的主要區別：

1.**是否獨立行使職權之不同**：前者（行政人員）與所屬長官在職務上有命令服從的關係；後者（司法官）則依據法律獨立審判，不受任何干涉（憲80）。

2.**職位有無保障之不同**：前者並無法律的明文保障，其調免與否，原則上得由有權機關基於自由意思而為之，後者則受憲法的保障：「法官為終身職，非受刑事或懲戒處分或禁治產之宣告，不得免職，非依法律，不得停職、轉任或減俸」（憲81）。

3.**可否命令退休之不同**：前者適用公務人員退休法關於命令退休的強制規定，後者因係終身職，命令退休不適用於法官，但得聲請自願退休（公休16）。

行政院・行政院會議

1.**行政院**：為國家最高行政機關，行使憲法所賦予之職權，設院長、副院長各一人，各部會首長及不管部會之政務委員若干人，院長由總統任命，副院長以及不管部會之政務委員，由行政院院長提請總統任命之（憲53、54、55、56，行組2）。

2.**行政院會議**：以前述人員組織之，為行使行政院職權之樞紐，提出於行政院會議議決之事項，為：「(1)依法須提出行政院會議議決事項，(2)依法須提出立法院之事項，(3)涉及各部會共同關係之事項，(4)其他重要事項」，行政院會議議案，以出席人過半數之同意議決之，如院長或主管部會首長有異議時，由院長決定之（憲58，行政院會議議事規則2、4、5）。

行政院院長‧行政院副院長

行政院設院長、副院長各一人（憲54），二者相同之點：(1)均非行政院之政務委員，(2)均為行政院會議之組成份子（憲58Ⅰ），(3)均無一定之任期。

二者相異之點：

1. **產生方法不同**：行政院院長由總統提名，經立法院同意任命之；副院長由院長提請總統任命之（憲增3Ⅰ、56）。

2. **職權不同**：行政院院長為國家最高行政機關之行政首長，職權甚為繁重，如：(1)代行總統職權；(2)向立法院提出施政方針、施政報告及各種法案；(3)列席立法院，答覆立法委員之質詢；(4)副署總統頒布之法律及命令；(5)參與總統召集，會商解決院與院間之爭執；(6)主持行政院會議；(7)綜理院務並監督所屬機關等職權（憲、行組，有關各條）。

    行政院副院長之職權，為輔助院長，處理院務，在法定情事時，並代理行政院院長之職務：(1)行政院院長辭職或出缺期間之代理；(2)行政院院長未任命前之暫時代理；(3)行政院院長因事故不能視事時之代理（憲增3Ⅰ、行組7）。

行政院秘書長‧行政院秘書處

行政院置秘書長一人，特任，承院長之命，處理本院事務，並指揮監督所屬職員，置副秘書長一人，簡任，承院長之命，襄助秘書長處理本院事務（行組12）。

行政院各部會首長‧不管部會政務委員

行政院設各部會首長若干人，及不管部會之政務委員若干人（憲54），現制各部會指內政、外交、國防、財政、教育、法務、經濟、交通等八部及蒙

藏、僑務兩委員會（行組3），其他直隸行政院之各委員會不包括在內。由於組織再造，民國101年起則設十四部及八個委員會。

行政院各部會首長與不管部會政務委員之相同點：(1)各部會首長同時亦為政務委員，(2)均由行政院院長提請總統任命之（憲56），(3)均為行政院會議之組成份子，出席會議（憲58），(4)均與行政院院長同進退。

彼此不同之點：(1)各部會首長主管部會，不管部會之政務委員則否，(2)總統公布法律，發布命令，須經有關部會首長之副署（憲37），不管部會之政務委員則否，(3)立法委員在開會時，有向各部會首長質詢之權（憲57 I），對不管部會之政務委員則否。

管 歐

行政委任・行政委託

1. **行政委任**：指有隸屬關係的上級行政機關，將某種事項，委任於下級行政機關辦理，此種事項，謂為委辦事項，已屬於受委任機關的職權範圍，並以受任機關負擔委辦事項的經費為原則。
2. **行政委託**：指不相隸屬的行政機關，將屬於本機關職權範圍內的事項，委託他級或同級機關辦理，該受託機關如非基於法定的委託事務，對於接受其委託與否，有裁量之權，如受委託而辦理該項委託事務，須為經費的支出時，則由委託機關負擔（財收支劃分38）。

管 歐

行政立法・行政司法

行政立法與行政司法二詞，幾為近代行政法學者所習用：
1. **行政立法**：指行政機關基於法律授權所訂定的命令，此種命令，得依其性質，稱規程、規則、細則、辦法、綱要、標準或準則（法規標準3、7），因其為立法上的授權，且情形有似立法機關的立法，有稱為行政上的委任立法，簡稱行政立法。
2. **行政司法**：指行政機關職權之依法行使，其性質有類似司法機關的裁判，如行政機關所為的調處、仲裁、評議及訴願的決定等行政行為均是。

行政作用・行政處分

此二者均為行政機關本於職權所為的活動，惟其範圍有廣狹之不同，內容亦自有別：

1. **行政作用**：指行政機關本於行政職權所為的一切作用，範圍最廣，包括：(1)行政上單純的事實行為，例如氣象報告、道路掃除、節約提倡、調查統計等事項，雖係行政機關的作用，亦非與法律毫無關係，惟並不直接發生法律效果，亦即未能使國家本身或人民的權利義務，直接有發生、變更或消滅的效果，故又稱為非法律的行為；(2)行政上的法律行為，即其行為直接發生法律的效果，其中又可分為私法的行為與公法的行為，凡行政機關以私權主體的資格，依據私法所為的行為，為私法的行為。例如國家租賃房舍購置物品等行為，亦與私人立於同一地位而受私法的支配，如有爭執，則由司法法院裁判解決；若行政機關以公權主體的資格，依據公法所為的行為，則為公法的行為，亦即行政行為，如後所述。

2. **行政處分**：行政處分，係指行政機關就公法上具體事件所為之決定或其他公權力措施而對外直接發生法律效果之單方行政行為（行政程序法2 I ）。

   因行政行為中有單方行為、雙方行為及合同行為之分：(1)雙方行為亦稱行政契約或公法上契約，乃雙方當事人彼此為達到不同目的，互為意思表示，因其一致而成立的行政行為，如土地徵收，政府與土地所有權人所達成的補償協議；(2)合同行為亦稱公法上協定，乃多數當事人，為達到共同目的，而為意思表示，互相結合所成立的行政行為，如政府與人民共同舉辦某種事業；(3)單方行為，亦稱單獨行為，其意義已見前述，換言之，行政處分，乃僅以行政機關單方面公的意思表示，不必經對造當事人同意，即可發生公法上效果的行政行為，如營業的核准或撤銷，稅額的核定或追繳等行為，是即為行政處分，屬於行政行為的範圍，為係行政行為的一種，至於行政處分又有積極處分及消極處分之分，參見另述。

行政法上權利‧行政法上義務

　　權利與義務由行政法所規定者，為行政法上的權利與義務，行政法為公法，所以行政法上的權利與義務，為公權利與公義務。原則上不得自由創設或移轉，此與私法上權利或義務，原則上得以自行創設或移轉者不同。

1.**行政法上權利**：指在行政法上所得主張其利益的意思力量，自享有權利的主體言之，分為：(1)國家的公權，如命令權、制裁權、形成權、公法上的物權、公法上的債權、公法上的經營權等權利。(2)公共團體的公權，其中有(a)對國家的公權，享有與一般人民類似的權利，如有某種請求權、訴訟權等，(b)團體所屬份子的公權，如會費的收取、員工的派免等。(3)人民的公權：如平等權、自由權、經濟權、受益權、參政權等權利。

2.**行政法上義務**：指在行政法上所應遵守或履行的拘束力量，以作為、不作為或忍受構成義務的態樣，亦得分為國家的義務、公共團體的義務及人民的義務，其中又有概括的義務，如執行或遵守法令的義務是，特定的義務，如國家對某團體或人民予以獎助，人民對國家有服兵役及納稅義務等是。

行政上法律行為‧行政上準法律行為

　　行政行為得分為法律行為與準法律行為，乃因行政行為的構成要素不同，而異其涵義：

1.**行政上法律行為**：指行政機關以一定的意思表示為其構成要素，依其意思內容，而發生公法上效果的行政行為，例如違建物的拆除，營業的許可等行為，均係表示欲發生一定法律效果的意思，其觀念適與民法中的法律行為相當。此在行政行為中的地位重要，包括行政上單獨行為、雙方行為及合同行為在內。

2.**行政上準法律行為**：指行政機關就具體事實以觀念表示為其構成要素，直接依據公法發生效果的行政行為，例如就公法上權利義務已經得喪變更等事實，予以通知、證明或受理等行為，不以效果意思為其要素，即係行政上準法律行為，其觀念適與民法中的準法律行為相當。

行政上損害賠償‧行政上損失補償

此二者均為國家在行政上對於人民所受財產損失的救濟方法，現行法令尚無明確區別，且恆有互相混用情形，實則彼此有別：

1. 前者（行政上損害賠償）因行政主體的非法行為，致人民受損者，其救濟謂為損害賠償；後者（行政上損失補償）因行政主體的適法行為致人民受損害，其救濟謂之損失補償。

2. 前者責任的成立，以行政主體的行為人有故意或過失為要件；後者雖無故意或過失，亦應負其責任。

3. 前者的賠償範圍，除法律另有規定或契約另有訂定外，應填補債權所受損害及其所失利益，後者僅以填補其現實直接所受的損失為限。

4. 前者屬司法性質，如有爭議，原則上由司法法院以裁判解決之；後者屬行政性質，由行政機關與當事人協商為之，如有不服，得循行政救濟程序解決。

行政處分生效‧行政處分無效‧
行政處分失效

行政處分的生效、無效及失效，均與行政處分法律上的效力有關：

1. **行政處分生效**：行政處分須合法成立，始發生效力，其成立生效，須具備形式上及實質上要件：(1)形式上要件：須為法定的行政機關及有法定的行政職權，其處分必須具備法定程序及程式。(2)實質上要件：須為行政處分的意思表示，並無虛偽、錯誤、詐欺或被脅迫等瑕疵，及其內容為適法，可能並明顯確定。

2. **行政處分無效**：此與行政處分根本不存在者有別，乃因處分已經存在，惟由於其他重要原因，致並無法律上的效力關於無效的事由可見行政程序法第111條之規定。無效的行政處分，既不發生法律的效果，不待撤銷，即得認其為無效，其賦予人民權利或課以義務，即無享有或履行的餘地。

3. **行政處分失效**：此與行政處分的無效不同，因行政處分無效，乃指其始即不

生效，行政處分失效，乃指其處分已發生效力，由於其他原因，致喪失其效力，如國家政策的變更，原為處分依據的法律修改等是。

行政處分違法・行政處分不當

所謂違法處分，係指行政處分之違反法規者而言，若於法規並無違反，而實際上有害公益者，即屬不當處分（司法院院字第354號解釋）。

行政處分的撤銷・行政處分的撤回

行政處分的撤銷與撤回，均是使原欲生效的行政處分失去其存在的原因，二者有其區別：

1.**行政處分的撤銷**：行政處分已經存立，無論已否生效，均得予以撤銷；處分的違法或不當，均為撤銷的原因；有撤銷權的機關不一，如為處分的原機關，有權受理訴願的上級機關及其他有監督權的行政機關，行政法院亦得以行政訴訟判決，撤銷原處分。

行政處分在成立後，未撤銷前，其效力處於不確定的狀態中，若予撤銷，則溯及既往而失效，與未為其行政處分之時相同。

2.**行政處分的撤回**：原為行政處分的機關，對於其所為的處分，若認為有撤回的事由與必要時，在其處分尚未發生效力以前，得撤回之，其有權撤回者，僅以原處分的機關為限，其他機關則否；原處分既予撤回，自無存在及生效的餘地。

行政處分的廢止・行政處分的消滅

行政處分的廢止與消滅，均為處分失去存在的原因，二者有其區別：

1.**行政處分的廢止**：行政處分已經存在生效，基於法律或事實上的原因，使其全部失其存在，是為行政處分的廢止，此與處分尚未發生效力前而予以撤回

者不同；行政處分的廢止，自廢止其處分之時起，往後失其效力，此與處分的撤銷，溯及既往而失效者，亦有不同。至於有廢止權的機關為原處分機關及有監督權的上級機關。行政程序法第123條規定了得廢止行政處分的原因。

2.**行政處分的消滅**：指行政處分在成立生效期間，基於法律上或事實上原因，其處分的本身歸於喪失，如處分所依據的法律已經修改或廢止，處分的內容已經消失，處分的相對人已經死亡，處分的目的已經完成等因素，原處分即自行消滅，既經消滅，即不發生廢止問題。

管 歐

行政處分的確定力・行政處分的拘束力・行政處分的執行力

行政處分的效力，得分為確定力、拘束力及執行力：

1.**行政處分的確定力**：指行政處分已確定而不得變更的效力：(1)形式上的確定力，如對於原處分之得聲明異議，提起訴願或行政訴訟，已逾越法定期間，不得請求救濟，其處分的效力，在形式上即告確定。(2)實質上的確定力，即其處分的內容，經過再訴願決定，或行政訴訟判決，在法律上已不得再就同一事項受理，而予變更，原處分在實質上遂告確定。

2.**行政處分的拘束力**：指行政處分的內容，在未依法撤銷或廢棄以前，即行政主體、相對人及第三者均應受其拘束，不得違反或變更其內容，是即為拘束力。

3.**行政處分的執行力**：指依行政處分的內容，完全予以實現，無論係作為或不作為，如有不遵行時，得依法強制執行之，是即為執行力。

管 歐

行政執行・行政強制執行

行政執行與行政強制執行，涵義有廣狹之別：

1.**行政執行**：涵義較廣，凡行政機關依照行政法規的規定，實現行政上的目的，不問是人民自動的履行其義務，抑或被動的強制其履行，均包括之。

2.**行政強制執行**：涵義較狹，依照行政法規的規定，人民應作為而不作為，不應作為而作為，則行政機關對於不履行行政上的義務者，以強制方法，使其履行義務，實現行政上的目的，是為行政強制執行。至於人民既已自動的履行其義務，行政上的目的，已經實現，亦即無強制執行的必要，自不包括在內。

行政執行法規定：依法令或本於法令的處分，負有行為義務而不為者，或負有不行為義務而為之者，行政機關得行間接或直接強制處分（行執1、2、4），自係指行政強制執行。該法似應正名為「行政強制執行法」俾名實相符。

管 歐

行政罰・行政刑罰

行政罰與行政刑罰，均為對於違反行政上義務者所為的處罰，均為制裁性質，均須有法律的依據，惟二者頗多區別：

1.**行政罰**：有廣狹二義，廣義的行政罰，凡違反行政法上作為或不作為義務，不問其基於特別權力關係所科的懲戒罰，如對公務員的懲戒，抑基於一般統治關係所科強制履行行政上義務的執行罰，如依行政執行法所科的罰鍰，以及違反行政法上義務的其他處罰，均包括之；狹義的行政罰又稱行政秩序罰，則是僅指基於一般統治關係所科執行罰以外的處罰而言。如對於違反警察、財政、經濟、交通、文教、衛生等行政上所科的制裁，始為行政罰，惟無論行政罰為廣義或狹義，均不包括行政刑罰在內。

2.**行政刑罰**：指違反行政法上義務，而科以刑法上所定刑名的刑罰（刑11），其情形有二：(1)行政法上所規定應處刑罰的行為，在刑法上並無規定者。(2)行政法上所規定行為應處刑罰的刑度，較刑法上所規定同類罪行的刑度為重者。在此情形，因行政法所規定者屬於行政事項，僅其中關於刑罰部分，為特別刑法的性質，依特別法優於普通法的原則，適用行政法中有關刑罰的特別規定，而排斥刑法的適用，是即為行政刑罰，或稱行政刑法，行政法有關行政刑罰的規定者，乃極為習見。至於行政法中若僅規定「其觸犯刑事者，依刑法之規定處斷」，既無特別科處刑罰的規定，而仍依刑法處斷，則尚不得謂為行政刑罰或行政刑法。

行政罰與行政刑罰最顯著的區別：

(1)**處罰是否構成罪刑不同**：前者（行政罰）僅為行政上義務的違反，後者（行政刑罰）則已構成罪刑。

(2)**處罰的罰則不同**：前者的罰則，並無一致的規定，恆因行政事件而異，種類繁多，名目不一，通常有罰鍰、罰役、沒入、扣押物品、勒令歇業、停止發行等類名稱；後者則依刑法所定的刑名，有主刑從刑之別，主刑為死刑、無期徒刑、有期徒刑、拘役、罰金五種，從刑有褫奪公權、沒收、追徵、追繳或抵償五種（刑33、34），此外不得有任何的刑罰名稱。

(3)**處罰的機關不同**：前者以行政機關處理為原則，亦有由主管機關先行處分，送請司法法院裁定，乃僅為強制執行時執行名義的依據，其處罰主體仍為行政機關；後者則由司法法院處罰，其涉及軍法範圍者，則為軍法機關。

(4)**處罰的救濟方法不同**：前者適用一般行政救濟程序，如通常申請、聲明異議、訴願、行政訴訟等方法；後者如有不服，則依刑事訴訟程序，向上級審判機關上訴，以資救濟。

管　歐

行政溝通・行政參與

1.**行政溝通**：乃關於行政事件意見的交換、商洽及協調等作用的概稱，有廣狹二義：(1)廣義指不問為行政機關內部人員相互間及機關相互間行政的溝通，抑為機關與外部人民有關行政事件的溝通，均包括之；(2)狹義則僅指機關內部人員及機關相互間的行政溝通，不包括機關與人民的溝通在內，因機關與人民的溝通，應認為人民的參與較為適宜，惟無論為廣義或狹義，溝通即是協調，均為意見的交換，意識的交流，而為達到行政目的的一種程序與方法。

2.**行政參與**：乃指人民參加國家的行政事務，又稱政治參與，其涵義較人民的參政權為廣泛，因人民參與國家政治的權利，如選舉、罷免、創制、複決四種政權，及充任公職參與治權的行使，乃人民在法律上當然可以享有的權利；行政參與則不然，法律雖未明定某種行政的參與，為人民的權利，惟人

民仍得在不牴觸法律的範圍內，為行政上意思或行為的參與。

行政參與指以人民身分參與行政，若人民已充任公務人員，代表國家為治權的行使，則已與人民的身分有別，亦即不得謂為人民的行政參與。行政參與雖亦得謂為行政機關與機關外部人民的行政溝通，惟與機關內部人員及機關相互間的行政溝通，仍屬有別。

管　歐

行政爭訟・行政聽證

1. **行政爭訟**：亦稱行政救濟，人民對於行政機關違法或不當的行政處分，致損害其權利或利益者，得以通常申訴、聲明異議或提起訴願，經決定後，並得依法向行政法院提起行政訴訟，以請求救濟，得概稱為行政救濟，人民不服行政機關的處分，而指摘為不法，行政機關亦未必自認其處分為不法行政，在此情形，人民與行政機關於行政關係中處於爭訟的狀態，所以行政救濟即為行政爭訟，實則行政爭訟是方法，行政救濟是目的。

2. **行政聽證**：此並非指在行政爭訟中人民向行政機關所提供的證詞，而為人民參與行政事件的一種方法。行政機關處理行政事件時，經由利害關係人或專家學者，陳述意見，予以參酌採擇，是為行政聽證。此與行政機關內部或機關相互間意見的交流、協調或溝通有別；又因係人民與機關間尚未發生訟爭前所為意見的表示，所以與已在訴願或行政訴訟程序中的言詞辯論，亦不相同。又聽證行使於立法事件，為立法聽證，行使於司法事件，則為司法聽證。

管　歐

行政體系・行政體制

1. **行政體系**：指行政機關在行政系統上有無隸屬關係。行政機關在體系上有上級機關及所屬下級機關之別者，是為有隸屬關係的機關，乃上級對下級指揮監督作用之所由生，其在體系上無隸屬關係者，其中有不相隸屬的同級機關，及不相隸屬的非同級機關，均不發生指揮監督問題。

2. **行政體制**：指行政機關所構成的形態，而為行政上的一種制度，行政體系之

是否為隸屬關係，雖亦得謂為行政上的制度，惟與各行政機關所形成的整個行政體制，仍屬有別，此種行政體制，如國家行政組織制、地方行政組織制、行政機關獨任制、合議制及混合制等是。

行政實體‧行政程序

行政實體乃指行政上權利義務或其他具體的行政事件，如兵役、賦稅及行政組織等事項，均為行政實體，規定此等事項的法規為行政實體法規。

行政程序乃指對行政實體的運用執行的階段、步驟或方法，其性質亦為行政事件，如兵役的徵集、賦稅的徵收、行政機關的設立等事項，均為行政程序，規定此等事項的法規為行政程序法規。

行政實體有賴行政程序，以實現完成，二者有規定於同一法規者，亦有分別規定者，凡行政事件之另有施行細則或實施辦法等性質的規章者，均屬於行政程序事件，其所依據的法規所規定者，則為行政實體事件。

各國為增進行政效能，保護人民權利，以規律行政機關公權力的行使，對於行政程序事項，有制定為統一的法典者，如美國聯邦行政程序法、義大利程序法、日本行政手續法等是。

行使‧交付

均指各種偽造罪之行為方式。(1)行使，謂將非真正之物冒充為真正之物而使用，但行使之相對方不知其為非真正之物，例如行使偽造之通用貨幣、有價證券或文書是（刑196、197、198、201、202、203、206、207、208、216）。(2)交付，謂預先告知相對方或相對方已知此為非真正之物而將其移轉於相對方。例如將偽造之通用貨幣、有價證券交付於人（刑196、198、199、201、202、204）。

蔡墩銘

行為・作為

均指人之動作。(1)行為，謂人類有意的動作，其中犯罪行為為刑法處罰之對象（刑1、2、4、9、12、15、18、19、20、21、22、23、24、28）。(2)作為，謂人之積極動作，與此相對者為不作為，即缺少積極動作，故作為被稱為積極行為；不作為被稱為消極行為（刑15）。

管 歐

考績・考成

考績與考成，均為對於公務人員成績的考核，僅以是否受任用資格限制的人員為其區別：

1. **考績**：公務人員任現職，經銓敘合格實授，至年終滿一年者，予以考績，任現職不滿一年，得以前經銓敘有案的低一官、同一官等或高一官等職務，合併計算，但以調任並繼續任職者為限（公考4）。

2. **考成**：不受任用資格限制人員及其他不適用本法考績人員的考成，得由各機關參照公務人員考績法的規定辦理（公考22）。

管 歐

考試院・考試院會議

1. **考試院**：為國家最高考試機關，行使憲法所賦予之職權，對各機關執行有關考銓業務有監督之權，設院長、副院長各一人，考試委員19人，由總統提名，經立法院同意任命之（憲增6II、考組2、3）。

2. **考試院會議**：以上述人員及考選、銓敘兩部部長組織之，決定憲法所定職掌之政策及其他有關重大事項，以院長為主席，以法定出席人過半數為開會法定人數（考組7、考試院會議規則2、5）。

考試院院長・考試院副院長

考試院設院長、副院長各一人。二者相同之點：(1)均由總統提名，經立法院同意任命之（憲84、憲增6Ⅱ）。(2)均非考試院之考試委員。(3)均為考試院會議之組成份子。(4)其任期均為六年（考組5Ⅰ）。

二者相異之點，在職權之不同，如：(1)考試院院長綜理院務，並監督所屬機關，院長因事故不能視事時，由副院長代理其職務（考組8）；(2)考試院會議，以院長為主席，院長因故不能出席時，以副院長為主席（考試院會議規則4）。

考試院秘書長・考試院秘書處

考試院置秘書長一人，特任，承院長之命，處理本院事務，並指揮監督所屬職員（考組9）。

考試院設秘書處，職掌關於會議紀錄、文書收發保管及分配撰擬編製、印信典守、出納庶務等事項（考組10）。

考試委員・典試委員・襄試委員

1.**考試委員**：有廣狹二義，廣義泛指一般考試之主持人員，狹義係指考試院所置之考試委員，即此處所指稱者。考試院置考試委員十九人，由總統提名，經立法院同意任命之，須具有法定資格，出席考試院會議，決定憲法所定考試院職掌之政策及其有關重大事項（憲增6、考組3、7）。

2.**典試委員**：為考試院依考試法舉行考試時所設典試委員會之委員，典試委員會以典試委員長一人，典試委員若干人組織之，典試委員須具有法定資格，出席典試委員會會議，決定命題標準，評閱試卷標準，錄取最低標準及評閱試卷等事項（典試1、3、5、6、8）。

3.**襄試委員**：為典試委員長所聘請以襄理典試委員評閱試卷之委員，亦須具有

法定資格（典試法施行細則6、7、13）。

成文法・不成文法

　　法律得分為成文法與不成文法，乃以法律有無制成形式的條文，為分類的標準。成文法是國家依一定程序以制定公布的法律，具有形式的條文，又稱制定法，通常稱為法典，其優點為規定明確，適用方便；其缺點則因制定及修正程序繁重，難以適應變動不居之社會各種事實。

　　不成文法乃未經制定程序及未具有形式的條文，惟國家認許其事項具有法律的效力，又稱非制定法，如習慣、法理、判例、解釋等是，其優點劣點，適與成文法之優劣相反，雖可靈活適應社會之各種事態，惟事前則無一致之共同標準可循。

　　法律原具有整齊劃一、事前遵循之主旨及功能，成文法自較不成文法為優，現代各國多為成文法國家；惟不成文法亦並非所有法律，均無制定公布的形式條文，世稱英、美為不成文法之國家，英國亦有由國會制定之法律，如1832年之選舉改革法、1888年之地方政府法、1891年之議會法等屬之，美國之憲法，乃世界上著名的成文法典。

成文憲法・不成文憲法

　　此為憲法有無文書形式之分類。成文憲法指憲法有統一綜合性之獨立法典，如中華民國憲法及美國等多數國家憲法是，惟亦有數種文書構成的，如法國第三共和憲法，即係集合1875年2月至7月陸續所頒布的三種法典而成。

　　不成文憲法指憲法並無統一綜合性之整個獨立法典，僅散見於各種單行法規及事實的習慣，如英國憲法是。英國憲法除各種習慣外，尚包括1215年之大憲章（Magna Carta）、1628年之權利請願書（the Petition of Rights）、1679年之人身保護法（the Habeas Corpus Act）、1689年之權利典章（the Bill of Rights）等法典是。

自由裁量‧羈束裁量

行政裁量得分為自由裁量與羈束裁量：

1. **自由裁量**：亦稱便宜裁量，行政機關職權的行使，法規上賦予自行抉擇的衡度，或法無規定，即不文法亦無拘束的事例，亦得在不牴觸其他法規的範圍內，衡酌國家社會的公益，因事制宜，相機處理，是為自由裁量。其裁量縱有錯誤，乃係不當行為，僅得為人民提起訴願的原因。

2. **羈束裁量**：亦稱法規裁量，行政機關職權的行使，須受法規的嚴謹拘束，法規若有硬性規定，固須恪守遵行，即或法無明文，而依照法理，仍須受不文法的拘束者，亦為羈束裁量，例如非依法律不得侵害人民的權利，或使負擔義務，已為法治行政的基本法則，裁量時亦自受其羈束。如其裁量錯誤，即係違法行為，得為人民提起行政訴訟的原因。

自由選舉‧強制選舉

1. **自由選舉**：指有選舉權者是否行使其選舉權以實行投票，完全出於選民之自由意思，國家不予干涉，又謂自由投票，此以選舉認為選民權利之國家多採之。

2. **強制選舉**：指具有選舉資格之選民，須實行投票不得自由放棄，否則予以制裁。此以選舉認為公民義務之國家，如巴西、比利時等國採行之。

自由證明‧證明‧釋明

證明乃對於某事實之存否，使法官獲得確信之狀態，或對達到該狀態之證據為提出之活動。釋明乃尚未使法官獲得確信之狀態，僅使法官大概得相信之心證狀態，或對達到該狀態之證據為提出之活動。對形成裁制基礎之事實須有證明，但此外對須迅速處理之事項、衍生的事項，僅須有釋明即足。且於釋明，證據方法以能即時調查者為限（民訴284）。至於證明，有依法律所定證

據程序為之者，有不依法定程序為之者。前者稱為嚴格證明，後者稱為自由證明。

自由證明亦為證明之一種，其與嚴格證明之區別，僅在為證明時所行程序是否依法定程序或不依法定程序而已，自由證明與嚴格證明之心證程度兩者並無差異。至於證明與釋明之區別，卻係心證程度之差異，證明之心證程度高而釋明之心證程度低。

陳榮宗

自行迴避・聲請迴避・職權迴避

三者均指推事與具體案件有特別關係時，為保障審判之公正，排除推事就該案件執行職務之權。自行迴避係推事對某案件有法定之關係時，法律上當然不得執行其職務（民訴32、刑訴17）。推事有應自行迴避之情形而不自行迴避，或有其他情形足認其執行職務有偏頗之虞，當事人得聲請迴避（民訴33、刑訴18）。該管聲請迴避之法院或院長，認為推事有應自行迴避之原因而不迴避者，應依職權為迴避之裁定，此即職權迴避（民訴38 I、刑訴24）。

管 歐

自治立法機關・自治行政機關

1. **自治立法機關**：又稱自治議決機關，如原臺灣省議會、縣議會、市議會及鄉、鎮（市）民代表會。雖有上級下級自治立法機關之別，惟彼此並無隸屬關係，不發生命令服從問題。
2. **自治行政機關**：又稱自治執行機關，如原臺灣省政府、縣政府、市政府及鄉、鎮（市）公所，上級下級自治行政機關有隸屬關係，發生命令服從問題。

管 歐

自治組織・自治機關・自治單位・自治團體

1. **自治組織**：有廣狹二義，廣義指整個的自治體系，包括各級自治的立法機關

及行政機關在內；狹義的自治組織，則僅指各個自治機關的本體。

2.**自治機關**：為狹義的自治組織，指具體確實所構成自治機關的本體。

3.**自治單位**：乃就自治區域著眼，為自治職權所及的範圍，係抽象的指地方自治的一種制度，如建國大綱及縣各級組織綱要，均規定「縣為自治單位」是。

4.**自治團體**：亦得認為即自治組織，惟若就地方自治組織與其他人民自治團體，如農會、工會、商會等團體相較，則其產生的依據、組織的方式、職權的廣狹及法律上的效果，彼此極有差別，例如地方自治組織：(1)有屬於自治行政組織，而為各級政府機關，如省、縣、市政府；(2)為其他人民自治團體的主管機關；(3)對於其區域內的居民，發生一般統治關係；(4)其執行職務的人員為公務員，其所執行的職務為公務，妨害其公務者，則構成妨害公務罪；(5)其所為的處分為行政處分，得為提起訴願及行政訴訟的標的。

其他人民自治團體則不然：(1)並非行政組織的系統，亦不得謂為機關；(2)恆為地方自治組織所管轄，而受其指揮監督；(3)僅其團體的構成員與其所屬團體發生特別關係，其他人民則否；(4)執行職務的人員，並非公務員，其所執行者，僅得謂為公共事務，而非刑法上所謂的公務；妨害其職務者，亦非構成妨害公務罪；(5)團體並無行政處分之權，並無對其提起訴願及行政訴訟的餘地。

蔡墩銘

自首・自白

皆指向司法機關報告自己之犯罪。(1)自首，謂犯人對於未發覺之罪，向檢察官、司法警察官或其他執行司法警察官之職務者，報告自己之犯罪事實，而受裁判（刑62、102、122、154）。(2)自白，謂對於已發覺之罪，向檢察官、司法警察官或推事承認自己所實施。自首得減輕其刑，但自白除非刑法有特別規定，否則不減輕其刑（刑166、172）。

地方自治・地方政府

　　地方自治與地方政府的觀念有別，就地方自治的體制言之，地方政府僅指地方自治的執行機關，或稱地方行政機關，如省、縣（市）政府，以與地方自治的議事（立法）機關，如省、縣（市）議會相對稱，所謂地方政府僅係整個地方制度中的一種機關，而不能概括地方自治的整體，其涵義狹。

　　地方自治則包括自治的執行（行政）機關及自治的議事（立法）機關，以及各別機關的組織、職權及其相互的關係，而構成整個的地方自治制度，較之僅指地方政府者，其涵義廣。

地方自治・地方行政

1.**地方自治**：通常稱為地方自治行政，或簡稱自治行政或地方行政，實行地方自治與地方行政的觀念並非一致。地方自治包括地方自治區域內省、縣（市）議會的立法作用，與省、縣（市）政府的行政作用在內，其涵義廣。
2.**地方行政**：則僅指地方自治區域內省、縣（市）政府的行政作用，而未包括省、縣（市）議會的立法作用在內，其涵義狹。

地方自治・地方自主

1.**地方自治**：為國家所建立的一種地方政治制度，自治機關的組設，自治職權的行使，均以法令為其準據，仍受國家的監督，地方自治不僅無礙國家的統一性，且為建國的基礎（中山先生講地方自治為建國之基礎）。
2.**地方自主**：乃地方職權的恣擅行使，不受國家法令的拘束與監督，所謂「高度地方自治」或「地方民族自決」，形成地方的割據狀態，假自主之名，行獨立之實，破壞國家的統一，並非地方自治的主旨所在。

蔡墩銘

再犯・累犯

均指同一人所犯的數罪。(1)再犯,謂犯罪後受刑之全部或一部的執行後另犯之罪(刑47)。(2)累犯,謂受有期徒刑之執行完畢,或受無期徒刑或有期徒刑一部之執行而赦免後,五年以內故意再犯有期徒刑以上之罪(刑47、48、49,刑訴477)。

蔡墩銘

再行辯論・再開辯論

均指當事人或辯護人於證據調查完畢後,就事實及法律所為意見之陳述。(1)再行辯論,謂當事人或辯論人已辯論過,但得再為辯論,審判長亦得命再為辯論(刑訴289)。(2)再開辯論,謂辯論終結後,法院認為有必要情形所舉行之辯論。一旦再開辯論,則訴訟程序恢復辯論終結前之同一狀態(刑訴291)。

賴源河

再保險・複保險

再保險、複保險在字義上相似,但是意義上差異頗大。再保險者,保險人以其所承保的危險,轉向他保險人為保險的契約行為(保39),再保險的保險人,於原保險的保險人,對原保險的要保人,依法負賠償責任,而受賠償的請求時,負賠償之責,故其性質乃屬責任保險(保90),然而複保險者,乃要保人對於同一保險利益、同一保險事故,與數個保險人分別訂立數個保險契約之行為(保35)。故兩者意義是不同的。

再保險之成立,原則上並無禁止,但因再保險契約係以原保險契約存在為前提。故再保契約的有效期間不得超過原保險契約的有效期間。然複保險在保險法上則規制較嚴,在複保險的情形,除另有約定外,要保人應將他保險人的名稱及保險金額通知各保險人(保36),要保人故意不為通知或意圖不當得利而為複保險時,其契約無效,在善意複保險的場合,其保險金額的總額超過保

險標的之價值者，除另有約定外，各保險人對於保險標的之全部價值，僅就其所保金額負比例分擔之責，但賠償總額，不得超過保險標的之價值（保38）。

蔡墩銘

再議・再審

1. **再議**：謂告訴人接受不起訴或緩起訴處分書後，得於七日內以書狀敘述不服之理由，經原檢察官向直接上級法院檢察署檢察長聲請撤銷不起訴或緩起訴處分，以使檢察官所為之不當的不起訴處分或緩起訴處分，得以獲致糾正（刑訴256、257、258）。

2. **再審**：謂對於確定判決，以認定事實不當為理由而向原審法院請求救濟之方法（刑訴420、421、422、423、424、425、426、427、428、429、430、431）。

管　歐

任用人員・聘用人員・派用人員

公務人員依其延用的方式，得分為任用、聘用及派用人員：

1. **任用人員**：指依照公務人員任用法或其他法律所任用的人員，須依法考試或銓定合格者，方得任用。

2. **聘用人員**：指依聘用人員聘用條例所聘用的人員，各機關應業務需要，得以契約定期聘用專業或技術人員。其聘用契約，應記載：(1)約聘期間，(2)約聘報酬，(3)業務內容及預定完成期限，(4)受聘人違背義務時應負的責任。聘用人員不適用公務人員俸給法、公務人員退休法及公務人員撫卹法的規定。惟聘用人員亦有依照其他法令聘用，而不適用上述聘用條例者。

3. **派用人員**：指依派用人員派用條例所派用的人員。派用人員的設置，以臨時機關或有期限的臨時專任職務為限，分為簡派、薦派、委派三等，應具有法定的資格，惟較簡任、薦任、委任人員所應具有的資格為稍寬泛。

管　歐

任命提名權・任命同意權

　　總統提名監察院所屬之審計長，經立法院同意任命之（憲55至104），總統提名司法院院長、副院長、大法官、考試院院長、副院長、考試委員、監察院監察委員，及檢察總長，經立法院同意任命之（憲增5Ⅰ、6Ⅱ、7Ⅱ）、法組66，是為總統之任命提名權及立法院與立法院之任命同意權。同意權僅為任命前之一種先行程序，且僅適用於上述各該人員之任命，而不適用於免職。

劉得寬

共同保證・保證連帶・連帶保證

　　保證債務有多種形態，一般之保證債務，在未就主債務人之財產執行而無效果前，保證人得拒絕債權人之對其請求清償，是為保證人之先訴抗辯權（民745），然而：(1)在連帶保證，保證人與主債務人連帶負債務履行責任，其連帶保證債務具有連帶債務之性質，債權人得先向保證人為全部給付之請求（民273），保證人無先訴抗辯權，不得拒絕。(2)共同保證，為數保證人保證同一債務者（民748），除契約另有訂定外，該數保證人連帶負保證責任。惟此連帶責任僅為保證人之間之連帶，而非保證人與主債務人間之連帶，債權人雖得向保證人中之任一人為全部給付之請求，然債權人之請求亦須於向主債務人請求無結果時，始得向保證人請求，保證人仍具有先訴抗辯權。(3)保證連帶，在共同保證時，因各保證人之間負連帶保證責任，而非保證人與主債務人間有連帶關係，故謂之「保證連帶」，以示與保證人和主債務人間有連帶關係之「連帶保證」相區別。

賴源河

共益權・自益權

　　如將股東之權利以其行使之目的為標準加以區分，可分共益權與自益權兩者。共益權者，其行使之目的，係為該股東之利益，同時也兼及公司之利益者，自益權乃行使之目的係專為該股東自己之利益者。共益權之權利種類如

下：1.請求召集股東會或自行召集權（公173）。2.出席股東會之表決權（公179）。3.請求法院撤銷股東會之決議（公189）。4.章程及帳簿之查閱權（公210Ⅱ、229）。5.對董事及監察人提起訴訟之權（公214、227）。6.檢查公司業務及財產狀況之權（公245）。7.解任清算人之權（公323Ⅱ）。自益權包括之種類如下：(1)發給股票之請求權（公161之1、166Ⅱ）。(2)股票過戶請求權（公165）。(3)股票改式之請求權（公166Ⅱ）。(4)股息紅利分派請求權（公232、235）。(5)建設股息請求權（公234）。(6)新股認購權（公267）。(7)賸餘財產分派請求權。

蔡墩銘

亦同・準用

均指適用同一規定。但在刑法上此二種用語係在不同之場合使用。(1)亦同，通常係指後罪與前罪相同（刑129、135、140、169、171、231、237、239、246、288、306）。(2)準用，即準用前面之條文（刑338、343）。

蔡墩銘

扣押・保管

均指對於物之保全。(1)扣押，謂為保全證據物件為目的，以取得物之占有而實施之強制處分。再為保全沒收物之執行，亦得對於沒收物實施占有之處分。扣押通常在搜索之後行之。又扣押應制作收據，詳記扣押物之名目，付與所有人、持有人或保管人（刑訴133、134、135、136、137、138、139、140、141、142、144、145、152）。(2)保管，謂保存管理，對於強制方法扣押之物所為之保存。扣押物，因所有人、持有人或保管人之請求，得命其負保管之責，暫行發還（刑訴133、134、138、140、142、143）。

蔡墩銘

刑事處分・懲戒處分

均指違法行為之法律效果。(1)刑事處分，謂基於普通刑法或特別刑法所

為之處分，包括刑罰、保安處分、管訓處分及緩刑（刑32、33、34、36、38、74、86、169、少42）。(2)懲戒處分，謂對於從事一定業務者違反有關法令所科之制裁處分（刑169、公懲2、3、4、5、6、7、8）。

管　歐

年終考績・平時考核・專案考績

此三者均為對公務人員成績的考核：

1. **年終考績**：年終考績每年年終舉行。

   公務人員任現職，經銓敘合格實授，至年終滿一年者，予以考績；任現職不滿一年者，得以前經銓敘有案的低一官、同一官等或高一官等職務，合併計算，但以調任並繼續任職者為限（公考4）。

2. **平時考核**：平時考核為年終考績的依據。其獎勵分嘉獎、記功、記大功，懲處分申誡、記過、記大過，於年終考績時併計成績增減總分。平時考核獎懲，得互相抵銷，其無獎懲抵銷而累積達二大過者，其年終考績應列丁等（公考12）。

3. **專案考績**：專案考績於公務人員平時考核有重大功過時，隨時辦理。其獎懲依下列規定（同前）：

   (1) 一次記二大功者，晉本俸一級，並給與一個月俸給總額之獎金，已敘至本職或本官等最高職等本俸最高俸級，或已敘年功俸級者，晉年功俸一級，並給與一個月俸給總額之獎金；已敘至年功俸最高俸級者，給與二個月俸給總額之獎金，但在同一年度內再次辦理專案考績記二大功者，不再晉敘俸級，改給二個月俸給總額之一次獎金。

   (2) 一次記二大過者免職。

劉得寬

合夥・隱名合夥

1. **合夥**：二人以上互約出資，以經營共同事業之契約（民667）。合夥人之間之合夥財產為合夥人全體之公同共有（民668），故而有關合夥事務之執行，除有特別訂定外，原則上由合夥人全體共同執行（民671Ⅰ），且如合

夥財產不足清償合夥之債務時，各合夥人對於不足之額，負連帶責任（民681）。

2.**隱名合夥**：為一方對於他方所經營之事業出資，而分擔該營業之損益之契約（民700）。隱名合夥之出資人，僅移轉其出資之財產權於出名營業之人，出資人並不執行事務，僅於其出資限度內，負分擔損失之責任，而隱名合夥事務之執行概由出名營業之人為之，由出名營業人負擔營業上行為所生之權利義務之關係。其對於第三人所為之一切權利義務，亦由出名營業人負擔，而與出資人不生任何關係（民704）。惟出資人既出資支持出名營業人經營事業，其自得監督隱名合夥事務，財產之狀況（民706參照）。

劉得寬

血親・姻親・親屬

親屬可分為配偶、血親及姻親。(1)血親，為血統上有連繫之人。其有基於自然之生理現象而產生血統連繫之自然血親，及因法律所擬制而有血統連繫之法定血親。前者之血親關係，因出生而發生，因死亡而消滅，後者則為現行法上之養親子關係，其血親關係因收養之成立而發生（民1077），因終止收養而消滅（民1080、1081）。(2)姻親，為夫妻之一方與他方血親間之關係，如血親之配偶、配偶之血親二者皆是。惟我國民法尚承認配偶之血親之配偶為姻親（民969）。姻親關係因婚姻而發生，因離婚而消滅，而婚姻經撤銷者亦同（民971）。

七劃

管　歐

戒嚴法‧戒嚴案‧戒嚴令

此三者均為實施戒嚴的依據，相互關係密切，而各有其涵義：

1. **戒嚴法**：戒嚴法為總統宣告戒嚴或使宣告戒嚴所依據的法律（憲39、戒嚴1），現行戒嚴法係民國23年11月29日國民政府公布施行，36年行憲後，於37年5月19日修正戒嚴法，嗣於38年1月14日又經修正，施行迄今。全文共13條，對於戒嚴的原因、時期、要件、地域、權限、宣告程序及其效果，乃至宣告解嚴等事項，均有詳明規定。其第1條「戰爭或叛亂發生，對於全國或某一地域應施行戒嚴時，總統得經行政院會議之議決，立法院之通過，依本法宣告戒嚴或使宣告之；總統於情勢緊急時，得經行政院之呈請，依本法宣告戒嚴或使宣告之，但應於一個月內提交立法院追認，在立法院休會期間，應於復會時，即提交追認」，已可概括本法的主旨及作用。

2. **戒嚴案**：戒嚴案指依照戒嚴法須宣告戒嚴所構成的議案，應先提經行政院會議議決，再提出立法院議決通過，總統方得宣告戒嚴或使宣告之；其須提交立法院追認者，亦自係戒嚴案的追認（憲39、58、63）。

3. **戒嚴令**：指依戒嚴法所發布的戒嚴命令，亦即宣告實施戒嚴，無論戒嚴案事先已經立法院議決通過或事後追認，於施行戒嚴時，必須予以宣布，是即戒嚴令。總統有發布戒嚴令之權；惟戰爭或叛亂發生之際，某一地域猝受敵匪之攻圍或應付非常事變時，該地陸、海、空軍最高司令官，得依戒嚴法宣告臨時戒嚴，如該地無最高司令官，得由陸、海、空軍分駐團長以上之部隊長，依戒嚴法宣告戒嚴。是此等軍事長官，亦得發布戒嚴令，但應迅速按級呈請，提交立法院追認（戒嚴3）。

戒嚴‧解嚴

戒嚴指國家在戰爭或非常事變時所採取嚴加戒備的緊急措施。總統依法宣布戒嚴，但須經立法院之通過或追認。亦即戰爭或叛亂發生，對於全國或某一地域應施行戒嚴時，總統得經行政院會議之議決，立法院之通過，依戒嚴法宣告戒嚴或使宣告之；總統於情勢緊急時，得經行政院之呈請，依戒嚴法宣告戒嚴或使宣告之，但應於一個月內提交立法院追認，在立法院休會期間，應於復會時，即提交追認（憲39、58、63，戒嚴1）。

戰爭或叛亂發生之際，某一地域猝受敵匪之攻圍或應付非常事變時，該地陸、海、空軍最高司令官或分駐團長以上之部隊長，得宣告臨時戒嚴，並迅速按級呈請，提交立法院追認，（戒嚴3）。

戒嚴地域分為：

1. **警戒地域**：指戰爭或叛亂發生時受戰爭影響應警戒之地域，警戒地域內地方行政官及司法官處理有關軍事之事務，應受該地最高司令官之指揮（戒嚴2、3、6）。

2. **接戰地域**：指作戰時攻守之地域，接戰地域內地方行政事務及司法事務，移歸該地最高司令官掌管，其地方行政官及司法官應受該地最高司令官之指揮，關於刑法上之某種犯罪，軍事機關得自行審判或交法院審判之（戒嚴2、7、8）。

戒嚴地域內最高司令官有執行特定11款事項之權（戒嚴11）。

解嚴指解除關於戒嚴的措施。戒嚴之情況終止，或經立法院決議移請總統解嚴時，應即宣告解嚴，自解嚴之日起，一律回復原狀（憲39、戒嚴12）。

蔡墩銘

抗告‧再抗告‧準抗告

均指對於未確定之裁定或處分請求救濟之方法。

1. **抗告**：謂對於未確定之裁定，聲明不服，請求上級審法院撤銷或變更以資救濟之情形（刑訴403、404、405、406、407、408、409、410、411、412、413、414）。

2.**再抗告**：謂對於抗告法院之裁定所為之抗告。對於抗告法院之裁定，不得再行抗告，但有例外：(1)對於駁回上訴之裁定所為之抗告。(2)對於因上訴逾期聲請回復原狀之裁定所為之抗告。(3)對於聲請再審之裁定所為之抗告。(4)對於依刑法更定其刑或定其應執行刑之裁定所為之抗告。(5)對於刑之執行聲明疑義或異議之裁定所為之抗告。(6)證人、鑑定人、通譯及其他非當事人對於所受之裁定所為之抗告（刑訴415）。

3.**準抗告**：謂對於法院以外機關之處分聲明不服，請求其所屬法院撤銷或變更之情形，因其類似於抗告，故稱為準抗告（刑訴416、418）。

陳榮宗

抗辯・否認

　　兩者均屬於言詞辯論時之攻擊防禦方法，係對於對造當事人之主張為駁斥所為之事實上之主張。否認係以陳述否定對造所主張應負舉證之責任存在事實，抗辯係陳述自己所負舉證責任之事實，俾以對抗對造之主張事實。就對造之主張為爭執，並積極主張無法兩立之別個事實，將對造之主張為否定之陳述，稱為「附理由之否認」或「積極否認」。若就對造之主張姑且不爭執，但積極主張能兩立之別個事實，從而在結論上否定對造所主張事實之法律效果，此種陳述稱為「附有限制之自白」。

陳榮宗

形成處分・確認處分・下命處分

　　獨立的行政處分，得大別為形成處分、確認處分以及下命處分。形成處分中又得細分為創設處分、廢除處分、變更處分及混合處分四類，分別簡述如後：

1.**形成處分**：行政上的形成處分，乃行政機關對於原有的法律關係，使其發生變化，並同時構成新法律關係的行政處分，亦即行政法上的權利義務關係，發生創設、廢除、變更或混合的效果：

　(1)**創設處分**：指創設新法律關係的行政處分，其中有：(a)設定權利的處分，即設權行為，如專利權的核准、歸化的許可；(b)設立義務的處分，

即命令處分，如命令役男入營，禁止逃漏稅款；(c)權利義務同時設定的處分，即一面為權利的設定，一面為義務的設定，如命令某甲入營服役，同時賦予其家屬以優待權利。

(2)**廢除處分**：指撤銷或消滅原有法律關係的行政處分，適與創設處分的效果相反，其中有：(1)消滅權利的處分，如特種營業經營權的取消，法人的解散；(2)消滅義務的處分，如：賦稅的豁免，公立學校學費的免繳。

(3)**變更處分**：指對原有的法律關係，予以變更的行政處分，亦即原在法律上所專有的權利或負擔的義務，而擴大或縮小其範圍，如對特種企業補助費的增加或減少，服役期間的延長或縮短。

(4)**混合處分**：指同一的法律事實，同時發生權義創設與廢除效果的行政處分，如行政機關對土地徵收的核准，土地原所有權人喪失其所有權，惟需用土地人則取得該土地所有權。

2.**確認處分**：指行政機關就一定的法律事實或法律關係為確切認定的表示，以決定當事人權利義務關係的行政處分，如賦稅金額的決定，當選票數的確定等是（詳見管歐著中國行政法總論第23版450至456頁）。

3.**下命處分**：課與相對人作為、不作為或容忍義務之處分。其又可分為命令處分與禁止處分，前者要求相對人為特定作為，後者則是要求相對人不作為或是容忍。

劉得寬

住所・居所

皆為居住之場所：

1.**住所**：作為生活根據地而所居住之場所。其設定之要件，必須依一定事實，有久住之意思，而住於一定之地域者，始認其設定住所於該地（民20Ⅰ）。無行為能力人及限制行為能力人，以其法定代理人之住所為住所（民21、1060）。住所在法律上有其效果，如決定失蹤及債務清償地之標準（民8、314②），決定訴訟土地管轄之標準（民訴1、刑訴5），決定涉外民事案件準據法之標準（涉外6、20、27），決定訴訟書狀送達之處所（民訴136、刑訴55），決定歸化之條件（國籍3至5）。故而，一人不得同時有兩住所（民20Ⅱ）。

2.**居所**：其雖仍為生活中心地，惟與當事人之密度不如住所，為無久住之意思
　　而居住於一定地域之謂。居所通常具有補充住所之效力，如住所無可考，或
　　在我國無住所者，其居所視為住所（民22），就特定行為選定居所者，關於
　　其行為，視為住所（民23），訴訟管轄之補充住所（民訴1、涉外27）。

蔡墩銘

告訴・告發

　　均為偵查開始之原因。(1)告訴，謂犯罪之被害人或與被害人有某種關係
之人，向偵查機關申報犯罪事實，請求追訴之意思表示（刑訴232、233、
234、235、236、237、238、239）。(2)告發，謂被害人或第三人向偵查機關
申報犯罪事實，而不須有請求追訴之意思表示者。告發須向偵查機關申報犯罪
事實，與告訴同，然而告訴限於犯罪被害人，而告發不限於犯罪被害人，此二
者之不同處（刑訴240、241、242）。

陳榮宗

更新權・更正權

　　更新權係當事人於民事訴訟之上訴審得提出新攻擊防禦方法之權能，上訴
審之制度採續審主義構造之情形，始有更新權。更正權係當事人本人或其法定
代理人，得就訴訟代理人所為事實上之陳述為撤銷或更正之權能（民訴72）。

管　歐

言論自由・講學自由・著作自由・出版自由

　　人民有言論、講學、著作及出版之自由（憲11），即言論自由、講學自
由、著作自由及出版自由，此四者均為表現意見之方法，得概稱為意見自由，
意見雖淵源於思想，亦可反映人之思想，惟思想為潛存腦中的意識作用，不發
生自由與否之問題；意見則為表現於外部的一種態樣，所以意見自由亦稱表現
自由。

　　意見以口頭言詞表現者為言論，意見對人講授研討者為講學，意見以文字

圖畫發表者為著作，意見以印刷傳布之者為出版，此四者固均享有自由，惟仍須受法律之規範，例如言論不得構成妨害秩序罪或誹謗罪（刑153、310），講學不得違反有關教育之法律，著作及出版，須分別受著作權法及出版法之規範，在戒嚴地域內，此四者均受法定之限制（戒嚴11）。

八劃

典試・監試

1. **典試**：依考試法舉行考試時，除檢覈外，其典試設典試委員會，以典試委員長一人、典試委員若干人組織之。關於命題及評閱標準之決定，應考人考試成績之審查，錄取最低標準之決定，及格人員之榜示等事項，由典試委員會決議行之，委員會於考試完畢後撤銷（典試1、2、10、22），典試屬於考試權。

2. **監試**：考試機關舉行考試時，除檢覈外，應請監察院派員監試，監試人員之任務，如試卷之彌封，試題之繕印、封存及分發，應考人考試成績之審查及榜示等事項之監察，如發現有潛通關節，改換試卷，或其他舞弊情事者，由監試人員報請監察院依法處理之（監試1、3、4），監試屬於監察權。

法系・法律體系・法律類別

1. **法系**：乃法律的系統，係指超國際性的法律淵源或法律意識，以尋求其異同，而歸屬於某一法律系統之中。世界原有十六個法系，其中八個法系，因國亡種滅或社會變遷，已失其存在，如埃及法系、希伯來法系、希臘法系、巴比倫法系、色勒特法系、海上法系、教會法系、古羅馬法系等是。現存的法系，計有中國法系、印度法系、日本法系、德意志法系、蘇俄法系、回回法系、大陸法系、英美法系等八種。

   蘇俄法系原形成為共產國家法系，惟蘇俄解體後，法制紛歧，西德東德統一後，近似大陸法系，日本在第二次大戰失敗後，原有法律思想，改變頗多，尚未形成為獨特之法系，均不計入外，因而現在世界法系，以大別為：印度法系、回回法系、大陸法系、英美法系及中國法系等五種法系為宜。

2. **法律體系**：係指國家現行各種法律，就各別性質，應屬於全部法律中的某一

個系統而言，國家法律大致分為：(1)公法的體系，如憲法、行政法、刑法、各種訴訟法等是；(2)私法的體系，如民法、民事特別法、國際私法等是；(3)公法、私法性質混合的法律體系，如耕地三七五減租條例、勞動基準法等是；(4)地方自治法規的體系，如依據省縣自治法所制定的各種地方自治法規是。

3.**法律類別**：係將現行各種法律，就某種標準，為橫面的分類，如以法律有無制定的形式條文為標準，分為成文法與不成文法，以法律適用範圍的廣狹大小為標準，而分為普通法與特別法是。

管 歐

法治・人治

　　法治乃謂國家一切公權力之行使，以法律為其依據，不得違反或逾越法律所規定之範圍，不僅司法須依法審判，行政亦須依法行政，立法亦須依照立法程序而立法，考試、監察各權之行使，亦自須依法為之，國家依法治事，是為法治國家。

　　人治乃謂國家治理，以得人為本，如孔子謂「政者正也，子率以正，孰敢不正」。荀卿謂：「有治人，無治法」，從而「得人者昌，失人者亡」，皆為人治思想之表現，而與「任法而不任人」之法治思想相對稱。

　　法治與人治，二者不可偏廢，孟子謂：「徒善不足以為政，徒法不足以自行」，因人治而有法治，則不致「人亡政息」；法治而有人治，則「人能宏道」，彼此有相輔相成的效果。

管 歐

法典・法例・法理

1.**法典**：指有組織系統，整齊劃一，明文規定之成文法而言，無論為一種法律或多種法律，祇須其為成文規定，均得概稱為法典，所不同者，是否為統一之法典，如民法分總則、債、物權、親屬、繼承五編，為統一的民法法典；行政法恆各別單獨制定，雖亦係成文法典，惟並非統一法典。至於不成文之習慣法，自不得謂為法典。

2.**法例**：指有關法律方面之事例，慣例通例，或判例的概稱，如立法機關之立法例，司法機關之判例，一般機關適用法律時之事例，慣例通例均是不以法例僅指民法或某種法律適用之通例為限。

3.**法理**：指有關法律當然之事理或法律通常之原理，法理每為法律主旨之所在，或為立法之依據，或屬於法律解釋之範圍，民法第1條規定：「民事，法律所未規定者，依習慣，無習慣者，依法理」，足見法理與明文規定之成文法律及習慣，仍屬有別。

陳榮宗

法官

法官係於司法機關從事審判工作之公務員總稱。

管　歐

法官・大法官

　　法官及大法官之職稱，為憲法及憲法增修條文所規定（憲80、81，憲增5Ⅰ、Ⅱ），法官指各級司法院之法官，無論是否兼任院長或庭長的法官均屬之（司法人事3），惟行政法院之評事，及公務員懲戒委員會之委員，其性質亦為法官（釋162）。此等法官之任用資格，分別依司法人員人事條例、行政法院組織法，及公務員懲戒委員會組織法之規定，適用一般公務員之任用程序，為終身職，並無任期之限制，其職權為各級司法法院之法官，掌理民事、刑事、訴訟之審判；評事掌理行政訴訟之審判；委員掌理公務員懲戒之審議事宜。

　　大法官與法官有別，大法官之資格，依司法院組織法之規定（司組4），由總統提名，經立法院同意任命之，任期為八年，以會議方式，合議審理司法院解釋憲法與統一解釋法律及命令之案件，並組成憲法法庭，合議審理政黨違憲之解散案件（憲增5Ⅰ、Ⅱ）。

法定公積・特別公積

公積乃為穩固公司之財產基礎，健全其財務狀況，增強信用，藉以保護債權人，特將其超過資本額之純財產額不分派於股東而積存於公司之金額。至於無限公司與兩合公司，公司法並無有關公積的規定，因此二種類之公司，對其負債的清償並不以公司資產為限。若依其提存有無強制性加以區分，可分為法定公積與特別公積。

1. **法定公積**：也稱強制公積，即依法律之規定強制其提存，不許公司以章程或股東會之決議予以取消或變更。法定公積又可分為兩種：(1)法定盈餘公積：公司於完納一切稅捐後，分派盈餘時，應先提出10%為法定盈餘公積，然其已達資本總額者，不在此限（公237），(2)資本公積：此為公司盈餘外之財源中所提列之公積，下列金額應提為資本公積：(a)超過票面金額發行股票所得之溢額。(b)受領贈與所得。

2. **特別公積**：又稱任意公積，為除了法定公積之外，以章程訂定或股東會議決，而特別提存之公積（公237Ⅱ）。有限公司與股份有限公司，於完納一切稅捐，除上述法定盈餘公積外，亦得以章程或股東全體同意，另提特別盈餘公積。

法定清算人・選任清算人・選派清算人

為清算公司之機關，處理清算事宜之人謂之清算人。清算人通常因產生方法之不同而分為法定清算人，選任清算人，選派清算人三種。

1. **法定清算人**：乃公司法原則所規定之清算人謂之，在無限公司之清算，原則上應以全體股東為清算人（公79），由股東全體清算時，若股東中有死亡者，其清算事務由繼承人行之。繼承人有數人時，應由繼承人中，互推一人行之。有限公司之規定準用無限公司之規定，兩合公司之清算，由全體無限股東任之（公127前），在股份有限公司其法定清算人為董事。

2. **選任清算人**：在無限公司可由章程之規定或股東過半數之決議，另為清算人之選任（公79但），此處之選任清算人並無資格之限制；有限公司準用無限

公司之規定，在兩合公司，可得無限責任股東過半數之同意，另為清算人之選任（公127），另為清算人之選任時，公司之有限責任股東，也有被選任之資格，在股份有限公司，可因章程之規定或股東會之決議，另為清算人之選任。

3.**選派清算人**：法定清算人或選任清算人均無法產生時，法院得因利害關係人之聲請，選派清算人（公81、113、322）。

管　歐

法・律・條例・通則

　　法律得定名為法、律、條例或通則，此四者均為法律之法定名稱，法律須經立法院通過，總統公布（憲170、法規標準2、4）；惟在何種情形，定名為法、律、條例或通則，尚無法定標準，就慣例及法理言之，大抵是（參照行政院頒發中央行政機關法制作業應注意事項）：

1.**法**：屬於全國性、一般性、普遍性或基本性事項之規定，定名為法。

2.**律**：屬於軍事性質之嚴重罪刑或戰時軍事機關特殊事項之規定，定名為律。

3.**條例**：屬於特別性、臨時性、地區性或補充性事項之規定，定名為條例。

4.**通則**：屬於原則性、共通性同類事項之規定，定名為通則。

管　歐

法律・法律學

1.**法律**：指經過一定的制定程序，而以國家權力強制實行的人類生活規範。我國所稱之法律，謂經立法院通過，總統公布之法律（憲170），得定名為法、律、條例或通則（法規標準2）。

2.**法律學**：簡稱法學，指以研究法律為對象或內容之科學，舉凡關於法律之原理原則，演變之沿革，發生之作用，適用之範圍，及其所規定之有關事項，均為法律學所研究之對象或內容。就法之本身言，謂之為法律；就法之研究言，謂之為法律學，二者互有表裡之關係。

　　法律學得分為法律哲學、法律史學及法律科學，詳見另述。

法律・政治

　　法律與政治，互相連稱，或簡稱為法政。法律的意義是經過一定之制定程序，以國家權力強制實行的人類生活規範。政治的意義， 國父謂之為「管理眾人之事」，亦即政治是國家一切統治行為概稱。法律與政治，均須以國家權力，強制其實行，有時「政治領導法律」，有時「法律規範政治」，就其靜態的規定言之，謂之法律，就其動態的作用言之，謂之政治，是為二者相輔相成之關係。

　　惟法律必須由立法機關產生，如我國法律須由立法院制定，且須經過一定之立法程序，並具有形式的條文規定；政治則不然，五種治權機關，均有政治措施之權，而以行政機關尤甚，其措施並無嚴格的法定程序，亦無形式的法條規定。

管 歐

法律哲學・法律史學・法律科學

　　關於法學之分類，以其研究之內容為標準，可分為：
1.**法律哲學**：指就法律基本的及高深的原理原則，及極終理想與真實價值，為哲理上的研究，如法理學、法學真義等類學科是。
2.**法律史學**：指就法律的變遷沿革及演進趨勢，以研究其經過、異同及其優劣得失，為其主要對象，如法制史、法學史等類學科是。
3.**法律科學**：指就國家現行法律所規定的內容、實際的適用等事項，為其研究對象，如憲法學、行政法學、民法、刑法等學科是。

管 歐

法律案提出權・法律案議決權

　　有法律案提出權的機關不一，除立法委員提出的法律案，應有三十人以上的連署外，行政院及考試院有向立法院提出法律案之權，分別為憲法所明定（憲58、87），監察院及司法院亦有權向立法院提出法律案，則為司法院先後

所解釋（釋3、釋175）。

　　法律案的議決權，則專屬於立法院（憲63、170），其他四院僅有法律案提出權，而無法律案議決權。

法律淵源・法律沿革

1.**法律淵源**：簡稱為法源，每因觀點之不同，而有各種之意義，或謂法源乃指構成法律的法則，或謂指產生法律的原動力，或謂指制定法律的機關，自法理上言，法源乃指產生法律之原因，換言之，法律所由產生的依據，即是法源。產生法律之原因甚多，有成文法之法源，如依據憲法、法律、命令、自治法規、條約等成文法而產生法律，是為法律的直接法源；亦有不成文法之法源，如依據主義、習慣、宗教、道德、法理、判決例、解釋、學說、外國法例等不成文法，而產生法律，是為法律的間接法源。

2.**法律沿革**：乃指產生法律的經過，亦即法律演變的歷程，例如：民法的沿革，由前清之民律草審，而民國成立後之第一次、第二次之民法草案，而演進為新民法，以及現行民法之修正，刑法的沿革，由前清新刑律，而民國成立後之暫行新刑律，而演進為新刑法及現行刑法。

法律形式要件・法律實質要件

1.**法律形式要件**：指法律應經立法院通過，總統公布，並有法定名稱，為法、律、條例或通則，及具備條文形式的規定（憲170、法規標準2、4、8）。

2.**法律實質要件**：指法律所規定的事項或內容，不得牴觸憲法。法律與憲法牴觸者無效，其有無牴觸發生疑義時，由司法院解釋之（憲78、171、173、大法官法4）。

管　歐

法律學理名稱・法律實際名稱

1.**法律學理名稱**：指就學理上及法理上所謂法律的抽象名稱，如成文法與不成文法、普通法與特別法、實體法與程序法等概括名稱。
2.**法律實際名稱**：指就實務上及實際上所定法律的具體名稱，如民法、刑法、行政院組織法等法律的各別名稱。法律實際名稱得定名為法、律、條例或通則（法規標準2）。

蔡墩銘

法律錯誤・違法性錯誤・刑罰法規錯誤

　　均指對於法律之不知或誤信。(1)法律錯誤，謂各種法律違法之錯誤，包括民事違法、行政違法及刑事違法之錯誤。(2)違法性錯誤，謂行為人對於構成要件事實雖有認識，但對其違法性卻無認識，此通常指不知其行為為社會規範所不許。(3)刑罰法規錯誤，謂將法有處罰明文之行為誤認為此種行為在法律上並不為罪（刑16）。

管　歐

法案・法律案

　　法案與法律案之涵義，廣狹不一，凡須經過立法程序之案件，如行政院向立法院提出之法律案、預算案、戒嚴案、大赦案、宣戰案、媾和案、條約案（憲58Ⅱ），立法院議決此等案件及國家其他重要事項（憲63），均須完成立法程序者，得概稱為法案，其涵義廣。

　　法律案僅屬於法案範圍內之一種，不能包括其他各種法案在內，其涵義較狹。

蔡墩銘

法院・法庭

均指審理訴訟案件之處所。

1.**法院**：謂行使審判權之機關，分下列3級：(1)地方法院。(2)高等法院。(3)最高法院（法組1、2、7、8、74、84、刑訴5、6、8）。
2.**法庭**：謂法院之內開庭實施訴訟程序之處所（法組63、65、66、68、69、71、73、少5、7、14、15、17、18、19、21）。

管　歐

法規公布或發布日期・施行日期・生效日期

法規因公布或發布施行而生效，惟公布或發布日期、施行日期及生效日期，彼此有別：

1.法規明定自公布或發布日施行者，其公布或發布日期，即為施行之日期，惟並非即為發生效力之日期，仍須自公布或發布之日起算至第三日起發生效力（法規標準13）；此時法規公布或發布日期與施行日期相同，惟與生效日期有異。
2.法規特定有施行日期，或以命令特定施行日期者，自該特定日起發生效力（法規標準14），此時法規之施行日期與生效日期相同，惟與公布或發布日期有異。

管　歐

法規廢止日期・失效日期

法規因廢止而喪失其效力，惟廢止日期與失效日期，仍屬有別：

1.法律之廢止，經立法院通過，總統公布者，命令之廢止，由原發布之機關為之者，其廢止之法規，得僅公布或發布其名稱及施行日期，並自公布或發布之日起，算至第三日起失效（法規標準22），此時廢止日期與失效日期有異。
2.法規定有施行期限者，期滿當然廢止，但應由主管機關公告之（法規標

準23）；此時廢止日期與失效日期相同。

法規適用・法規暫停適用

1.**法規適用**：指在法規之施行有效期間，予以實際上之應用，就法規一般性及抽象性之規定，以適用於個別性及具體性之事實。
2.**法規暫停適用**：指法規因國家遭遇非常事故，一時不能適用者，而暫停適用其一部或全部（法規標準19Ⅰ），如中華民國常駐聯合國代表團組織條例暫停適用是；法規暫停適用，將來仍可恢復其適用，此與法規之廢止，係根本廢棄其存在者有別。

法規制定・法規修正・法規廢止

　　法規之制定、修正及廢止，意義各殊：
1.**法規之制定**：指原無某種法規，而從新產生其法規。法律之制定機關為立法院，有法定之制定程序，其所規定之事項，為：(1)憲法或法律有明文規定，應以法律定之者，(2)關於人民之權利、義務者，(3)關於國家各機關之組織者，(4)其他重要事項之應以法律定之者，法律之定名，為法、律、條例或通則（法規標準2、4、5）。
　　規章為命令性質，任何機關依其法定職權或基於法律授權，均得制定規章，無須立法院之制定，其制定程序，除法規別有規定外，並無一定之制定程序，其規定事項，依據法律或在不牴觸法律之範圍內，均得以規章規定之；其定名則依其性質，稱規程、規則、細則、辦法、綱要、標準或準則（法規標準3、7）。
2.**法規之修正**：指就現有之法規為法規名稱，或條文內容之修改，此與法規之制定，係原無某種法規而從新制定之者不同；又因其僅就現有之法規予以修改，並非根本廢止其存在，所以與法規之廢止亦有別。
　　法規有下列情形之一者修正之，亦即是修正之原因：(1)基於政策或事實之需要，有增減內容之必要者，(2)因有關法規之修正或廢止而應配合修正

者，(3)規定之主管機關或執行機關已裁併或變更者，(4)同一事項規定於二以上之法規，無分別存在之必要者（法規標準20）。

3.**法規之廢止**：指將現有之法規，廢棄其存在，而不再予適用。法規有下列情形之一者廢止之，亦即法規廢止之原因：(1)機關裁併，有關法規無保留之必要者，(2)法規規定之事項已執行完畢，或因情勢變遷，無繼續施行之必要者，(3)法規因有關法規之廢止或修正致失其依據，而無單獨施行之必要者，(4)同一事項已定有新法規，並公布或發布施行者（法規標準21）。

有權制定法規之機關，亦即有修正及廢止法規之權。

管 歐

法學緒論・法學通論

法學緒論與法學通論之性質，均是研究法律的基礎學科，而為專門高深法律學科的研究起點。其編著體例，亦無明顯之界說，大抵將有關法律共同的原理原則，及一般法律的概念與應用，作綜合的說明，及概要的敘述。其區別，則法學通論所著重者，在各種法律的共通內容，為普遍的概述，形成為各種法律的縮影。法學緒論則重在發凡起端，綜理頭緒，提綱挈領，總括要義，以啟發初習法學者有關法律的基本知識，理論實際，自較法學通論為周延兼顧。

民國31年秋間，教育部將各大學法學院講授之法學通論一科，改稱為法學緒論，乃法學院各學系共同必修之課程，並准自56學年度起，各大學獨立學院及二、三年專科學校各學系科之未開設法學緒論一科者，酌予增設法學緒論三至六學分，列為選修科目，使一般學生多具法律常識，強化其守法觀念。國家所舉辦普通考試及特種考試之應試科目內，亦恆稱法學緒論，已鮮有法學通論之用語，至於類似之書籍，如法學概要、法學概論、法學綱要、法學要義、法制大意等名稱，其性質與法學緒論或法學通論，亦大同小異。

管 歐

法權・國權

1.**法權**：指國家法律之支配權力，通常係指司法權而言，如外國元首、外交官等人員不受所在國法律之支配，謂之為享有治外法權，1943年1月11日起，

我國因與列強已簽訂平等新約，取消在華之領事裁判權，司法權得以完整。

2.**國權**：係國家主權之概稱，其涵義較法權為廣，如憲法前言中所謂「鞏固國權」，係指國家整個之統治權而言，不以法權為限。

免除具保責任·退保

　　均指具保證書或繳納保證金之第三人不必再負具保責任。(1)免除具保責任，謂具保之殷實之人或商舖出具保證書或繳納保證金，以保證被告隨傳隨到，但在一定情形之下，如撤銷羈押或再執行羈押或因裁判而致羈押之效力消滅者，即可免去其具保責任（刑訴119），(2)退保，謂出具保證書或繳納保證金之第三人，將被告預備逃匿情形，於得以防止之際報告法院、檢察官或司法警察官而聲請退保者，得准其聲請之情形。准其退保後，免除其具保責任，將保證書註銷，或發還保證金（刑訴119）。

免責特權·免訴特權

　　均指豁免權。(1)免責特權，謂由於特殊身分之關係而免除其所實施犯罪之責任，因而不受處罰，例如議員之言論免責特權（憲73、101）。(2)免訴特權，謂由於特殊身分之關係而對其所實施之犯罪行為不予以訴究（憲52）。

免責的債務承擔·併存的債務承擔

　　皆為第三人擔負債務人債務之謂。

1.**免責的債務承擔**：乃是第三人承擔債務人之債務，而該債務人於承擔債務之契約生效後脫離債務關係，僅由該第三人負擔債務之情形，而第三人之資力常為債權人之利益所在，故而如第三人與債務人訂立契約承擔債務，則應經債權人之承認，該承擔始對債權人生效（民301）。如其承擔契約為第三人與債權人訂定者，則於契約成立時，債務即移轉於第三人（民300）。

2. **併存的債務承擔**：第三人承擔債務後，債務人並未脫離債務關係，而與加入之第三人併負同一之債務責任。「就他人之財產或營業概括承受其資產及負債者，因對於債權人為承受之通知或公告，而生承擔債務之效力。前項情形，債務人關於到期之債權，自通知或公告時起，未到期之債權，自到期時起，二年以內，與承擔人連帶負其責任」（民305）。

蔡墩銘

免訴判決・不受理判決

均指形式裁判。

1. **免訴判決**：謂起訴案件因未具備實體的公訴權行使要件，即請求科刑之權利，遂毋庸為實體上裁判，應為形式裁判。其事由有四：(1)曾經判決確定。(2)時效已完成。(3)曾經大赦。(4)犯罪後之法律已廢止其刑罰（刑訴302）。
2. **不受理判決**：謂起訴案件因未具備形式的公訴權行使要件，即請求審判的權利，應為不必審理之形式裁判。其事由有七：(1)起訴之程序違背規定。(2)已經提起公訴或自訴之案件，在同一法院重行起訴。(3)告訴或請求乃論之罪，未經告訴、請求，或其告訴、請求經撤回或已逾告訴期間。(4)曾為不起訴處分或撤回起訴，而違背刑事訴訟法第260條之規定再行起訴。(5)被告死亡或為被告之法人已不存續者。(6)對於被告無審判權。(7)依刑事訴訟法第8條之規定不得為審判（刑訴303）。

蔡墩銘

委任・任務

均指受託。(1)委任，謂受人囑託，委任之內容多為處理事務，例如受本國政府之委任而處理對於外國政府之事務（刑114）。(2)任務，謂有義務之行為，其為作為或不作為，在所不問（刑342）。

劉得寬

委託・委任・囑託・信託・代理

皆用於一定之行為或事務仰賴他人處理之場合。

1. **委託**：為較常用之一般性用語，除於私法上之關係使用外，在公法上之關係亦使用之。「稱委任者，謂當事人約定，一方委託他方處理事務，他方允為處理之契約」（民528）。「檢驗之技術工作除由標準檢驗局執行外，標準檢驗局並得委由相關機關（構）、法人或團體代為實施。」（商檢4）。

2. **委任**：將一定之事務委託他人處理之謂（民528參照），常見之委任者，如訴訟代理人之委任（民訴68以下），辯護人之委任（刑訴27以下）。

3. **囑託**：除指一般之仰賴他人為一定行為之情形外，亦用於公之機關依賴其他機關等為一定行為之場合。「受懷胎婦女之囑託或得其承諾，而使之墮胎者」（刑289），「法院得向送達地地方法院為送達之囑託」（民訴125、144至148）。「搜索或扣押，得由審判長或檢察官囑託應行搜索、扣押地之推事或檢察官行之」（刑訴153 I）。

4. **信託**：指一方移轉財產權或其他處分，使他人依一定目的為財產之管理或處分者。其常用於擔保債權之情形。

5. **代理**：代理人以本人名義所為之意思表示，對本人直接發生效力之謂。代理人與本人間之關係，常基於上述各種關係而成立，尤其是委任契約。其亦可基於代理人與本人間之一定關係而生代理權，「父母為其未成年子女之法定代理人」（民1086）。

賴源河

委託取款・委託代為取款

上述兩者字面上相似，但意義上則有不同。委託取款並準用票據法第40條之規定，被背書人僅有行使背書人票據上權利之資格，並非受讓票據權利，故票據權利人對於受任人所得提出之抗辯，以得對抗委任人者為限。至於委託代為取款則由該特定之經財政部核准辦理支票存款業務的銀行、信用合作社、農會、漁會為委託人計算，以自己名義向付款人提示付款，有關行使或保全支票權利之行為亦由該特定金融業者為之，其與委託人間則依信託關係處理之。

股份之收回・股份之收買

所謂「收回」，乃公司以單方意思表示，給付代價，向股東收取股份，而「收買」則為公司與股東雙方合意，由公司給付股東代價，股東交付股份給公司，兩者均是公司以本身之資金取回股份之行為，故公司如得任意收回，收買自己之股份，將使公司資本減少，有違資本維持之原則，損害債權人之利益，且公司負責人易於操縱股價，擾亂證券市場，進而影響投資大眾之利益，因而對此行為原則上加以禁止，但有例外之情形：

1. 特別股之收回（公158），特別股係股東平等原則之例外，許其長久存在，將影響普通股之權益，故得以盈餘或發行新股所得之股款收回之，然不得損害特別股股東按照章程應有之權利。

2. 清算或破產股東股份之收回（公167Ⅰ但），但在股東為清算或受破產之宣告時，為抵償其於清算或破產宣告前積欠公司之債務，公司得按市價收回該股東之股份，其理由在於，如按破產程序處分其股份時，股份因拍賣結果，行情必定下跌，公司將蒙受較大損失，不若由公司收回，損失可減至最小。

3. 少數股東之股份收買請求權（公186），本規定是為保護少數股東利益而定者，如股東於股東會為：(1)締結、變更或終止關於出租全部營業，委託經營或與他人經常共同經營之契約。(2)讓與全部或主要部分之營業或財產。(3)受讓他人全部營業或財產，對公司有重大影響者。以上之特別決議前，已以書面通知公司反對該項行為之意思表示，並於股東會已為反對者，得請求公司以當時公平價格，收買其所有之股票。另外，公司與他公司合併時，股東在股東會集會前或集會中，以書面表示異議，或以口頭表示異議經紀錄者，得放棄表決權，而請求公司按當時公平價格，收買其持有之股份（公317）。

股東一般責任・股東特殊責任

股東一般責任，係指公司股東在公司存續中，而無特殊事由存在時，對於

公司債務所負之責任，股東因特殊事由所應負之責任謂之股東特殊責任，在各種組織類型公司中因性質不同，故其責任之規定亦有所差異。

1. 在無限公司，其股東之一般責任為公司之資產若不足清償時由股東負連帶、直接、主要、無限之責任；其特殊責任則有五：(1)於無限公司成立後始加入為股東者，對於未加入前公司業已存在之債務亦須負責（公61），(2)非股東而其行為可令人誤信其為股東者，對於善意之第三人應負與股東同一責任（公62），此謂之「類似股東之責任」，(3)無限公司退股之股東應向主管機關申請登記，縱使退股後對於登記前公司之債務，於登記二年後仍須負連帶無限責任，股東轉讓其出資者亦同（公70），(4)無限公司解散後，股東之連帶無限責任，自解散登記後，滿五年而消滅，(5)無限公司經全體股東之同意，得以一部分之股東改為有限責任，變更組織為兩合公司，變更為有限股東者對於在變更組織前之公司債務，於公司變更登記後兩年內，仍負無限責任（公78）。

2. 有限公司之股東無特殊責任，其僅以出資額為限，對公司負有限責任，對公司債權人並不負任何責任（公99），即其僅於出資範圍內，負繳足股款之責任。

3. 兩合公司股東分無限、有限責任股東，其責任各與上述有限責任股東或無限責任股東同，但有限責任股東其行為令人信其為無限責任股東時，該人應負無限責任股東之責。

4. 股份有限公司無特殊責任，其只在所認定之股份價額限度內對公司負出資之義務，且此原則不得以章程或股東大會決議變更之。若變更者其決議無效。

賴源河

股東會決議之撤銷・股東會決議之無效

此二者均是指股東會決議之瑕疵，前者之情形有：(1)召集程序之違反法令章程，如對部分股東未發召集通知，或不於通知中載明召集事由。(2)決議方法違反法令或章程，如非股東或非代理人之第三人參與表決，或有自身利害關係之股東加入表決。後者之情形為股東會決議之內容違反法令或章程者（公191），例如違反關於股東固有權之規定，違反股東平等原則，或違反股東有

限責任之原則（公191）等是。對有得為撤銷之原因時，股東得自決議之日起三十日內，訴請法院撤銷之，在法院未為撤銷之判決前，該項決議之效力不受影響，但無效之決議，其效力是自始無效，絕對無效，公司與股東自始即不受該決議所拘束。

賴源河

股息紅利之分派・建設股息之分派

股份有限公司之目的在於營利，故於營業年度終了，公司如有盈餘，則經彌補虧損，扣除稅捐，提存公積，並依章程之規定保留員工分紅成數後，得就其餘額，為股息紅利之分派。

盈餘分派通常可分為：(1)現金分派：股息紅利之分派，原則上應以現金為之，因以現金分派，股東始能現實的獲得利益。(2)現股分派：以發行新股之方式為股息紅利之分派。以上是公司有盈餘時之情況；但在無盈餘時，如果法定盈餘公積已超過實收資本總額百分之五十，公司為維持股票之價格，得以超過之部分派充股息及紅利（公232 II）。

建設股息：此為股份有限公司，所特有之規定，即在其開始營業前，分派於股東之股息，此乃獎勵一般大眾投資於需長時間準備而具有建設性之事業，但有以下之條件：(1)公司依其業務性質，自設立登記，需二年以上之準備，始能開始營業者，(2)須經主管機關之許可，(3)須事先以章程訂明於開始營業前分派股息。

蔡墩銘

和姦・通姦・相姦

均指異性之交合行為。(1)和姦，謂雙方在互相同意之下而為婚姻關係外之交合行為（刑239）。(2)通姦，謂有婚姻關係之人與非配偶所為之交合行為（刑239）。(3)相姦，謂認識對方為有配偶而仍同意與之交合行為（刑239）。

陳榮宗

和解・調解・調協

　　和解一語，法律上有三種不同意義。民法上和解，係當事人約定，互相讓步，以終止爭執或防止爭執發生之契約（民736）。於訴訟繫屬中，在受訴法院或受命推事或受託推事前，就本案訴訟標的，所成立之和解，乃民事訴訟法上和解。至於破產法上和解，則係為防止債務人之破產，於債務人有和解原因時，依破產法規定之和解程序所成立之和解。調解云者，法院對兩造間發生爭執之法律關係，於起訴前從中加以調停排解，使兩造間形成合意止爭，以避免發生訴訟之程序。民法上和解契約不履行者，必須向法院起訴，俟取得勝訴之確定判決後，方得據以聲請強制執行，民事訴訟上之和解，則可作為執行名義，聲請法院為強制執行（強制4Ⅰ③）。調解成立者，雖與訴訟上和解有同一之效力（民訴416Ⅰ），但調解係於訴訟繫屬前為之，故有無效或得撤銷之原因者，祇得對之提起宣告調解無效或撤銷調解之訴（民訴416），而非如和解，得請求繼續審判（民訴380Ⅱ），且調解係依聲請而為之，訴訟上和解則依職權為之，調解必由法院行之，訴訟上和解，則除由法院行之外，並得使受命或受託推事為之。調協係破產程序進行中，於破產財團分配未認可前，由破產人向破產管理人提出調協計畫，要求與破產債權人成立和解之程序。調協成立並經法院認可時，破產程序終結，破產人與破產債權人間之債務清償，依調協內容。

劉得寬

和解・調解・仲裁・調處・調協

　　皆為終止爭執之制度。

1.**和解**：乃當事人互相讓步，以終止爭執或防止爭執發生之謂，其使用於多種場合：(1)民法上之和解，乃是當事人約定，互相讓步，以終止爭執或防止爭執發生之契約（民736），其為審判外之和解。(2)訴訟法上之和解，為當事人在訴訟繫屬中，在受訴法院或受命推事或受託推事前，約定互相讓步以終止爭執，同時以終結訴訟之全部或一部為目的之契約，其須於審判上為之，故稱審判上之和解（民訴377），與民法上之和解為實體上之和解不同。其

與確定判決有同一之效力（民訴380Ⅰ），且和解筆錄得成為執行名義（強4Ⅰ③）。(3)破產法上之和解，其乃是債務人於不能清償債務時，以預防破產為目的，而與債權人團體間所訂立之清償債務之強制契約，經法院認可或商業會處理後，發生效力（破6、41）。其訂立係由債權人團體之意思機關之債權人會議與債務人為之，發生拘束全體債權人之效力（破36、49）。

2. **調解**：由第三人介入，以勸諭杜息爭端之謂，其亦有訴訟上之調解與訴訟外之調解之分。訴訟上之調解，乃由法院介入當事人間，勸諭當事人終止爭端，以避免訴訟程序（民訴403以下）。調解經當事人合意而成立者，與訴訟上之和解有同一之效力（民訴416Ⅰ），其亦得成為執行名義（強4Ⅰ③）。訴訟外之調解者，如經由鄉鎮調解委員會之調解（鄉鎮1、2），雇者與工人團體等發生爭議，經由勞資爭議調解委員會之調解（勞資爭3、8），耕地租佃發生爭議，經由鄉鎮（區）公所耕地租佃委員會之調解（三七五減26）。

3. **仲裁**：其不以當事人讓步為必要，經當事人訂定仲裁契約，約定仲裁人（第三人）對當事人間之爭議作成判斷，該判斷與法院之確定判決有同一之效力，向法院聲請經裁定後，亦得為強制執行（仲裁37）。仲裁使用於：(1)有關現在或將來之爭議之仲裁（仲裁1）。(2)有關勞資爭議經調解而無結果者之交付仲裁委員會仲裁（勞資爭4、5）。

4. **調處**：「因耕地租用，業佃間發生爭議，得由該管市縣地政機關予以調處，不服調處者，得向司法機關訴請處理」（土122），耕地出租人與承租人因耕地租佃發生爭議，經調解不成立者，應由縣市政府耕地租佃委員會調處，不服調處者，則移送司法機關處理（三七五減26Ⅰ）。

5. **調協**：為破產法上之制度，以終結破產程序為目的，在破產財團分配未經認可以前，由破產人與破產債權人團體間所訂立，經法院認可生效之強制契約（破129以下）。其屬破產內之和解，經法院認可後，對於一切債權人均有效力（破136），而破產程序因而終結。

蔡墩銘

和誘・略誘

均指使人脫離現受保護之狀態，而置於自己或第三者實力的支配之下，因

而侵害其自由之行為。

1. **和誘：**謂使用強暴脅迫或詐術以外之方法，先徵得被害人之同意後予以誘拐出走之行為（刑240）。但刑法對於和誘之對象限於未滿二十歲男女，即認其為未成年人僅有限制行為能力（民13），其所為之同意有瑕疵，假如對於未滿二十歲之男女，不僅徵得其同意，且亦徵得其監督權人之同意，將其帶離現在居住之地方，則無和誘可言。

2. **略誘：**謂以強暴、脅迫或詐術拐取而使被誘人脫離家庭或有監督權之人（刑241、298）。略誘之對象不限於未滿二十歲之男女，如係對於已滿二十歲之婦女，意圖使該婦女與自己或他人結婚而略誘，或意圖營利，或意圖使婦女為猥褻之行為或姦淫而略誘，皆可成立略誘罪（刑298）。和誘與略誘之區別，在於是否以強暴、脅迫、詐術等不正之手段為斷，必須得被誘人之承諾出於自己之意思，而無暴脅詐術者方為和誘，否則即為略誘（60臺上2611）。

管 歐

制憲‧修憲‧釋憲‧行憲‧護憲

1. **制憲**指憲法的制定。現行的中華民國憲法係制憲的國民大會所制定（憲175Ⅱ）。

2. **修憲**指憲法的修正。依據憲法本文僅國民大會有修改憲法及複決立法院所提憲法修正案之權（憲27）；憲法之修改，應依下列程序之一為之（憲174）：(1)由國民大會代表總額五分之一之提議，三分之二之出席，及出席代表四分之三之決議，得修改之；(2)由立法院立法委員四分之一之提議，四分之三之出席，及出席委員四分之三之決議，擬定憲法修正案，提請國民大會複決。此項憲法修正案，應於國民大會開會前半年公告之。但國民大會在第七次修憲後已被廢除，因此自無由國民大會修憲的可能。現行修憲程序為由立法院依據上述規定提出憲法修正案，而中華民國自由地區選舉人於立法院提出憲法修正案、領土變更案，經公告半年，應於三個月內投票複決(憲增1)。

3. **釋憲**指憲法的解釋。憲法之解釋，由司法院為之（憲173）；司法院大法官以會議方式，合議審理司法院解釋憲法與統一解釋法律及命令之案件（大法

官法2）。解釋憲法的事項，為：(1)關於適用憲法發生疑義之事項，(2)關於法律或命令，有無牴觸憲法之事項，(3)關於省自治法、縣自治法、省法規及縣規章有無牴觸憲法之事項。以上解釋之事項，以憲法條文有規定者為限（同法4）。

4.**行憲指憲法的施行及遵守**。憲法頒行全國，永矢咸遵，總統、副總統就職時之宣誓，立法院立法委員、監察院監察委員，及省、縣、市議員就職時之宣誓，均有「遵守憲法」的誓詞。政府遵守憲法而施政，人民遵守憲法而奉行，得概稱為行憲。

5.**護憲指憲法的維護，對於違反憲法的制裁**，例如司法院大法官組成憲法法庭審理政黨違憲之解散事項，即所以維護憲法的尊嚴與完整。政黨之目的或其行為，危害中華民國之存在或自由民主之憲政秩序者為違憲（憲增5）。

管　歐

制定・訂定・規定

通常指經由立法程序所通過的法律，稱制定；命令性質所作成的規章稱訂定；無論法律或規章所構成的內容，概稱為規定。

賴源河

物的抗辯・人的抗辯・惡意抗辯

票據抗辯者，係指票據債務人提出合法之事由（抗辯事由），以拒絕票據權利人行使權利之行為，抗辯可分三種，物的抗辯、人的抗辯、惡意抗辯。

1.**物的抗辯**：物的抗辯係基於票據行為不適法或票據權利不存在而生；其所為的抗辯，可以對抗一切票據債權人的請求，不因執票人的變更而受影響，故稱絕對的抗辯，例如票據形式要件的欠缺（票11），票據的偽造（票15），或變造（票16），票據罹於時效而消滅（票22），票據未到期（票72、128Ⅱ），票據已經清償（票74），票據行為人無行為能力（民75、76），票據行為受脅迫（民92）等，均可據為物的抗辯事由。

2.**人的抗辯**：此係基於票據以外個人的實質關係而生，例如原因關係的無效，票據債權人受領能力的欠缺（如破產、扣押），票據債務人對於票據債權人

有債權時而主張抵銷等，均得據為人的抗辯事由，惟人的抗辯係由於個人的實質關係而生，非存於票據本身，無法由外部查知，恐損害善意之第三人，故特予限制。票據法第13條前段規定，票據債務人不得以自己與發票人或執票人的前手間所存抗辯之事由對抗執票人，換言之，人之抗辯係以直接當事人間為限，稱之為「相對之抗辯」、「直接抗辯」。分述如下：(1)票據債務人不得以自己與發票人間所存的事由對抗執票人。至於票據債務人以其自己與執票人間所存之抗辯事由，對抗執票人，仍非法所不許（27滬上字97號判例」。(2)票據債務人不得以自己與執票人的前手間所存抗辯的事由對抗執票人。(3)票據債務人亦不得援用其他債務人的人的抗辯（47臺上字1621號）。

3.**惡意的抗辯**：上述票據抗辯的限制，其目的在於保護善意的取得人，因此如執票人取得票據係出於惡意者，則不加限制，亦即票據債務人仍得以其自己與發票人或執票人的前手間所存的抗辯的事由對抗發票人或執票人（票13但）。另外「以無對價或以不相當的對價取得票據者，不得享有優於前手之權利」（票14Ⅱ），此實質上亦屬惡意抗辯的範疇。

蔡墩銘

物證・證物

　　均指物的證據方法。(1)物證，謂以物之存在或狀態為證據方法。文書如以書面的存在作為事實認定之資料亦是。(2)證物，謂證據物件，此必須經過感覺的實驗，作為證據之物理的存在（刑訴164、213、274）。

蔡墩銘

拘束・束縛

　　均指對於身體或行動之限制。(1)拘束，謂對於身體所加之剝奪其自由之行為（民151、刑訴282）；(2)束縛，謂用戒具剝奪受拘禁者之身體（羈5）。

拘提・同行

　　均指經傳喚不到場而採取之強制到場之處分。(1)拘提，謂被告拒絕傳喚或有不應傳喚之虞時，得不經傳喚強制被告到一定之場所（刑訴75、76、77、78、79、80、81、82、83、88之1、89、90、91、93）。(2)同行，謂少年、少年之法定代理人或現在保護少年之人，經合法傳喚，無正當理由不到場者，少年法庭得發同行書，強制其到場（少22）。

拘禁・收容・拘留・拘役・羈押

　　均指拘束人的行動自由。(1)拘禁，謂使受拘禁者無法離開一定之場所或欲離開一定之場所非常困難，即將人的身體拘束於一定場所之內（憲8、刑126、302）。(2)收容，謂將犯罪嫌疑人之自由拘束於一定之處所（少26）。(3)拘留，謂依警察作用而將違反社會秩序維護法者之自由拘束於拘留所。依社會秩序維護法，拘留屬於主罰，其期間為一日以上，三日以下，遇有依法加重時，合計不得逾五日（社維19）。(4)拘役，謂依科刑判決而將受刑人之自由予以暫時之剝奪。拘役屬於主刑之一種，其期間為一日以上，六十日未滿，但遇有加重時，得加至一百二十日（刑33）。(5)羈押，謂對於犯罪嫌疑人為防止其逃亡而將其身體自由拘束於看守所。羈押被告，偵查中不得逾二月，審判中不得逾三月。但有繼續羈押之必要者，得於期間未滿前，由法院裁定延長之（刑訴108）。

承受自訴・擔當自訴

　　均指由於自訴人不能繼續自訴而由他人代為進行自訴之情形。(1)承受自訴，謂自訴人於提起自訴後因喪失行為能力或死亡，遂由得提起自訴之人於一個月內聲請法院准予繼續進行未了的自訴（刑訴319、332）。(2)擔當自訴，謂自訴人於提起自訴後，因喪失行為能力或死亡，得提起自訴之人未於一個月

內承受自訴或無人承受自訴，法院通知檢察官擔當訴訟之情形（刑訴319、332）。

承攬運送人・運送人・託運人

三者皆與物品或旅客之運送有所關係。

1. **承攬運送人**：為以自己之名義，為他人之計算，使運送人運送物品而受報酬為營業之人（民660Ⅰ）。其與行紀之以自己名義為他人計算，為動產之買賣或其他商業上之交易而受報酬之營業，性質相同，故除其自有之規定外，準用關於行紀之規定（民660Ⅱ）。

2. **運送人**：乃以運送物品或旅客為營業，而受運費之人（民622）。而以收受運費在陸上或水上運輸貨物或旅客為營業者，則為「運送營業」。

3. **託運人**：為於物品運送時，支付運費委託運送人運送物品之人（民624Ⅰ）。

直系・旁系・尊親屬・卑親屬

在血親及姻親皆有此種區別。

1. **直系**：如祖父母、父母、子、孫之類等與自己具有直上或直下之形態連結之親屬。

2. **旁系**：如兄弟姊妹、堂兄弟姊妹、伯叔父母等非屬直系，而與自己具有共通始祖之親屬。直系、旁系在血親、姻親中皆有所分別。直系血親，即為己身所從出，或從己身所出之血親；而旁系血親，則非為直系血親，而與己身出於同源之血親（民967）。姻親之親系則從配偶之親系計算（民970）。

3. **尊親屬**：為比自己更前世代之親屬，如父母、祖父母等輩（刑272、280、281、民1115、1116）。

4. **卑親屬**：為屬於自己以下世代之親屬，如子、孫輩（民1138）。父母、祖父母則為自己之直系血親尊親屬，而子、孫則為自己之直系血親卑親屬。

直接法・間接法

　　法律得分為直接法與間接法，乃以法律對於某種事項的法律關係，是否直接規定，以遞予適用為分類的標準。直接法指直接規定某種事項的法律關係，而得遞行適用的法律，如民法、刑法、行政法各種實體法及程序法是。

　　間接法指對於直接法規定的事項，而輾轉適用其他法律所規定的法律關係，如涉外民事法律適用法，乃間接適用外國法有關事項法律關係的規定，即為間接法。

直接選舉・間接選舉

　　直接選舉與間接選舉，均是選舉之方法（憲129）。

1.**直接選舉**：指由選舉人本身遞行選出當選人，不須再經複選之程序，如憲法規定之立法院立法委員、縣長及縣議員之選舉是（憲26、62、64、113、124、126）。

2.**間接選舉**：指由選舉人先選出代表人，再由代表代為行使選舉權，以選出被選舉人，如憲法原規定總統、副總統之選舉，及監察院監察委員之選舉是（憲27、91）。惟憲法增修條文已規定總統、副總統由中華民國自由地區全體人民直接選舉之；監察院監察委員由總統提名經立法院同意任命之（憲增2Ⅰ、7Ⅱ）。

使用借貸・消費借貸

　　皆是借用他人之物之契約，但其所借用之物之返還上有所不同。

1.**使用借貸**：為一方以物無償貸與他方，他方於使用後，負將所借之物返還義務之契約（民464）。

2.**消費借貸**：則為當事人一方移轉金錢或其他代替物之所有權於他方，他方在消費後，應以種類、品質、數量相同之物返還的契約（民474）。借用人如

不能以種類、品質、數量相同之物返還時，則應以其物在返還時、返還地，所應有之價值償還（民479 I）。

固有法・繼受法

　　法律得分為固有法與繼受法，乃以法律思想的來源，為分類的標準。固有法是以本國原有的歷史、文化、風俗習慣，或政治制度等有關思想所制定的法律，如我國清末以前的法律，均為固有法；繼受法乃是承受外國文化及法制思想所參酌制訂為本國的法律，如我國近代以來關於工商科技等類法律，多為繼受法。國際往返頻繁，思想文化的交流加劇，各國的繼受法，亦日將增多，乃為法制思想演進的必然趨勢。

　　固有法與繼受法區別的實益，乃在研究方法的差異，研究固有法時，應探究本國法制的沿革，及現時規定的損益；研究繼受法時，則須探究被繼受法的發展經過，及其背景，並須斟酌本國的國情，擇優吸收，而不可機械的移植國內，以致枘鑿難容。

表見代理・無權代理

　　無代理權而以代理人身分為法律行為者，為無權代理，其法律行為之效果不歸屬於本人。無權代理可分為表見代理與狹義之無權代理。

1.**表見代理**：是無代理權人使與之為交易之相對人信其有代理權，為保護相對人，而特別地使該法律行為之效果，如同有代理權般歸屬於本人之制度。民法上之表見代理有「由自己之行為表示以代理權授與他人」，「知他人表示為其代理人而不為反對之表示」之兩種明文規定（民169）。另對於代理權之限制或撤回，因不得對抗善意第三人，故該第三人如主張代理行為有效，則亦成為表見代理（民107）。

2.**狹義之「無權代理」**：指表見代理以外之無權代理。無代理權人以代理人之名義所為之法律行為，可經本人之追認而使其成為有效之代理行為，對此，該法律行為之相對人，可定相當期限催告本人是否承認（民170 I、II），

在本人未承認前，相對人亦得撤回該未經合法代理之法律行為（民171）。在本人不承認時，無代理權人則應對善意相對人負責（民110）。

蔡墩銘

明知・方知

均指確知而言。(1)明知，謂行為人對於構成犯罪事實之確知，此屬於直接故意（刑13、125、128、213、214、215）。(2)方知，謂行為人對於犯罪客體原未認識，嗣始知其為犯罪客體，例如收受時原不知其為偽幣，收受後始知其所收受者為偽幣，因不甘損失，而復行使，以圖將其所受之損害，轉嫁他人（刑196）。

管　歐

官治・民治・自治

「權在於官，不在於民，則為官治；權在於民，不在於官，則為民治」（見　中山先生講中華民國之基礎），是為官治與民治的區別。地方自治乃由地方公民選舉自治人員以擔任公職，此與由國家任命人員以執行地方公職的所謂官治有別，因而自治即是民治。

惟所謂民治，即民主政治制度，涵義甚廣，舉凡公職人員的選舉，議事的多數決，民意的參與，政治責任的歸屬等均包括之，地方自治僅是民治制度中的一種制度或方法，其涵義較狹。

管　歐

官職合一制・官職分立制

官職合一制，指其官階與職務有互相結合不可分離的關係，任職即係任官，免職即係免官，例如部長為職務，官階為特任，任命為部長時，始為特任官，若部長免職，則特任亦隨而免除。凡一般文職機關任職的公務人員即文職人員，採行此制。

官職分立制，指其官階與其職務可以分別存在，並非相互依存，任官者未

必任職，免職者未必免官，例如參謀總長為職務，官階為上將，若參謀總長免職時，其上將官階依然存在，而任命為將校官階的退除役人員，則未必擔任軍職，凡屬於戰鬥序列或陸海空勤等軍事機關編制的任職人員即武職人員，採行此制。

蔡墩銘

抵刑・易刑

均指刑罰之換算。

1.**抵刑**：謂將羈押之日數算入刑期，即裁判確定前羈押之日數，以一日抵有期徒刑或拘役一日，或罰金額數（刑46）。

2.**易刑**：謂對於宣告刑之變通執行，刑法所規定之易刑有三，即一為易科罰金，犯最重本刑為五年以下有期徒刑以下之刑之罪，而受六月以下有期徒刑或拘役之宣告，因身體、教育、職業或家庭之關係，執行顯有困難者，得以一千元、二千元、三千元折算一日，易科罰金。二為易服勞役，罰金於裁判確定後未於兩個月內完納者，強制執行。其無力完納者，易服勞役。易服勞役以一千元、二千元、三千元以下，折算一日。但勞役期限不得逾一年。三為易以訓誡，受拘役或罰金之宣告，而犯罪動機在公益或道義上顯可宥恕者，得易以訓誡（刑41、42、43）。除此之外，罰金易服勞役，得以提供社會勞動折算（刑42之1）。

蔡墩銘

受命法官・受託法官

均指從事證據調查之推事。(1)受命法官，謂行合議審判之案件，為準備審判起見，以庭員之一人在審判期日前訊問被告及蒐集或調查證據（刑訴279）。(2)受託法官，謂合議體以外之法官，受囑託而為合議體實施特定訴訟行為者（刑訴195）。

蔡墩銘

具保・責付

均指停止羈押或不為羈押之條件。(1)具保,謂為使被告隨傳隨到而提供保證書或保證金。又稱為保釋(刑訴109、110、111)。(2)責付,謂羈押之被告,得不命具保而由法院或檢察官依職權交付於得為其輔佐人之人,或該管區域內其他適當之人,停止羈押。受責付者應出具證書,載明如經傳喚應令被告隨時到場(刑訴115)。

陳榮宗
爭訟・訴訟

爭訟謂關於法律關係或權利關係之具體的爭執。有時亦指基於公權力就具體的爭執為判斷而解決紛爭之手續。訴訟乃指爭訟之中,基於國家裁判權依訴訟程序為之者。

管 歐
抽象的行政行為・具體的行政行為

就行政行為的對象著眼,得分為:
1.**抽象的行政行為**:行政行為的對象為一般性或不特定的事項,預為抽象的規定,凡事件適合其規定者,即發生法律上的效果,如行政規章及不具備法規形式而適用不特定事件的單純命令是。
2.**具體的行政行為**:行政行為的對象為特定的或個別的事實,予以具體的處置,以發生法律上的效果,如行政處分及適用於特定事件的單純命令是。

賴源河
到期追索・期前追索

追索權者,乃票據不獲承兌或不獲付款或有其他法定原因發生,無從為承兌或付款之提示時,執票人於行使或保全票據權利後,對於發票人、背書人或

其他票據債務人所得行使的償還請求權（票85）。追索權因期間之不同又可分為到期追索及期前追索。

1. **到期追索**：乃票據到期不獲付款時，執票人於行使或保全票據上權利的行為後，對於背書人、發票人及匯票上其他債務人行使追索權（票85、124、144）。

2. **期前追索**：匯票、本票到期日前，如有下列原因之一時，執票人得行使追索權（票85Ⅱ、124），此謂之期前追索，(1)匯票不獲承兌時，(2)付款人或承兌人死亡、逃避或其他原因（如心神喪失），無從為承兌或付款提示時，(3)付款人或承兌人受破產宣告時。

  至於支票之情形，也只有在付款人受破產宣告時，才有期前追索之情形（票144）。

管　歐

事實行為・法律行為

  凡行為僅係事實上的現象，與法律無關或不直接發生法律關係者為事實行為，例如：起居睡眠，親友晤訪等行為是。

  凡行為以意思表示為要素，發生法律上的效果者，為法律行為。其中有以私的意思表示為要素，發生私法上的效果者，為私法的法律行為，例如買賣、結婚等行為是；有以公的意思表示為要素，發生公法上的效果者，為公法的法律行為，例如稅款的繳納，選舉權的行使等行為是。

管　歐

依職權的行政行為・須申請的行政行為

  行政行為是否出於行政機關自動的行為，得分為：

1. **依職權的行政行為**：行政機關依其法定職權自動的逕為的行為，為依職權的行政行為，行政原富於自動性，並不待於行政客體的申請，而始得為之，一般的行政行為均然。

2. **須申請的行政行為**：行政機關職權的行使，被動的基於行政客體的請求，而始得為之，為須申請的行政行為，如依人民請求商標註冊，而為核准與否的

行為，因人民提起訴願，而為如何決定的行為均是，此種須申請的行為，行政機關並非受相對人申請的拘束，而仍有單獨決定如何行為的權能。

九 劃

管 歐

政務次長・常務次長

現行行政院及考試院各部的組織，各部置部長一人，特任，綜理部務，並指揮監督所屬機關及職員，除國防部置副部長一人，及常務次長三人外，其他各部各置政務次長一人，常務次長，僅外交、教育及經濟三部各為二人，其他各部各一人，政次、常次的職位，均列十四職等，亦即簡任的最高級，輔助部長處理部務，若分析言之：

政務次長為政務人員，其職權約為：(1)主管政務之綜合設計與考核，(2)主管政務之巡視及督導，(3)重要會議之主持及參加，(4)部長因事不能執行職務時，依法代理或代行其職務，(5)部長交辦事項。

常務次長為事務人員，其職權約為：(1)文稿審核及機要事務之處理，(2)工作分配及業務改進之指導，(3)人員任免獎懲之考核，(4)重要會議之主持及參加，(5)重要報告之擬議及審核，(6)經費及重要事務之處理或指導，(7)部長交辦事項。

管 歐

政務委員・政務官

1. **政務委員**：為構成行政院組織特有之職稱，行政院設院長、副院長各一人，各部會首長若干人，及不管部會之政務委員若干人，以組織行政院會議（憲54）；無論是否兼不管部會之政務委員，既以「政務」二字定名，自屬政務官。

2. **政務官**：指參與國家政策或行政方針制定之人員，係一概括之職稱，包括頗廣，依政務人員退職撫卹條例第2條之規定，政務官指：一、依憲法規定由總統任命之人員及特任、特派之人員。二、依憲法規定由總統提名，經立法院同意任命之人員。三、依憲法規定由行政院院長提請總統任命之人員。

四、其他依法律規定之中央或地方政府比照簡任第十二職等以上職務之人員。

管　歐

政務人員‧事務人員

政務人員與事務人員，即通常所稱政務官及事務官，公務人員任用法有關於「本法於政務官不適用之」的規定，惟何謂政務官，尚無專法規定，自法理言之，凡參與國家政策或行政方針的決定者，為政務官，其依既定的政策或方針而執行之者為事務官。此所謂事務官，乃別於政務官而言，其涵義甚廣，凡辦理政務以外事務的人員均屬之，與僅以辦理機關內部的文書檔案出納庶務為限者的事務人員有別。

何種人員為政務官？依據現已廢止的政務官退職酬勞金給與條例（民國74年12月11日公布）第2條規定，指下列人員：(1)特任、特派之人員，(2)總統府副秘書長、行政院人事行政局長，(3)各部政務次長，(4)特命全權大使及特命全權公使，(5)蒙藏委員會副委員長、委員及僑務委員會副委員長，(6)省政府主席、委員及直轄市市長，(7)其他依機關組織法律規定比照第十四職等或比照簡任一級之正、副首長。而民國93年1月7日公布之政務人員退職撫卹條例第2條之規定，指下列人員：一、依憲法規定由總統任命之人員及特任、特派之人員。二、依憲法規定由總統提名，經立法院同意任命之人員。三、依憲法規定由行政院院長提請總統任命之人員。四、其他依法律規定之中央或地方政府比照簡任第十二職等以上職務之人員。

依現行有關法律的規定，政務官與事務官區別的實際作用，約為：

(1)**資格有無限制**：政務官除司法院大法官、最高法院院長、行政法院院長及考試院考試委員須具有法定資格外，原則上並無資格限制，毋庸為任用的銓敘審查；事務官則須經銓敘合格始得任用。

(2)**任期有無保障**：政務官除司法院大法官的任期為八年，考試院院長、副院長及考試委員的任期為六年外，並無保障的規定，以政策的成敗而為進退；事務官則以久於其任為原則，任期並無限制，不審予以保障。

(3)**職任可否升等**：政務官的職位，為特任（特派）或簡任人員，並無升

等的規定；事務官的職位，則為簡任，薦任及委任人員，其係薦任或委任人員，得依法為簡任或薦任的升等。

(4)**退職或退休不同**：政務官退職時，依政務人員退職撫卹條例的規定，給予離職儲金；事務官退休時，則適用公務人員退休法的規定，支領退休金。

(5)**懲戒處分不同**：政務官受懲戒時，僅適用撤職及申誡兩種處分；事務官被懲戒時，則撤職、休職、降級、減俸、記過、申誡六種處分，均適用之（公懲9）

管　歐

政權・治權

歐美政治學及實際政治上，無所謂政權、治權之劃分，凡掌握政治，主持國事者，均概稱為政權。關於政權與治權的區分，為　孫中山先生所創見，政權及治權，各有特定之涵義。所謂政權，係指人民所行使之選舉、罷免、創制、複決四種政權，亦稱民權（憲17、25）。所謂治權，係指政府所行使之行政、立法、司法、考試、監察五種治權，亦稱政府權（憲53、62、77、83、90）。以人民之四種政權，控制政府之五種治權，消極的政府不致流於專橫，積極的可成為萬能政府。

管　歐

重要政策・基本國策

政策乃國家政治之重點或中心，而為實現政治目的之策略、計畫，或方法，其性質重要者為重要政策。憲法規定立法院對於行政院之重要政策不贊同時，得以決議移請行政院變更之（憲57Ⅰ前段）。

憲法有基本國策1章（憲13章），基本國策固為重要政策，惟重要政策未必均為基本國策，其涵義廣。非基本國策的重要政策，立法院始得以決議移請行政院變更之，至於基本國策之變更，則須修正憲法有關規定，方得為之。

蔡墩銘

重傷‧普通傷害

均指對於他人身體之侵害。

1. **重傷**：指刑法第10條第4項所列各款之傷害而言，即行為人基於重傷之故意而不法侵害他人之身體而引起下列之傷害者為重傷：(1)毀敗或嚴重減損一目或二目之視能。(2)毀敗或嚴重減損一耳或二耳之聽能。(3)毀敗或嚴重減損語能、味能或嗅能。(4)毀敗或嚴重減損一肢以上之機能。(5)毀敗或嚴重減損生殖之機能。(6)其他於身體或健康，有重大不治或難治之傷害（刑278、282、283）。

2. **普通傷害**：又稱輕傷，指以輕傷之故意，而不法侵害他人之身體而引起刑法第10條第4項各款所列重傷以外之傷害而言（刑277、281、283、284）。

管　歐

保育行政‧福利行政

保育行政又稱助長行政或福利行政，乃國家對於人民盡其保護及養育之責，積極的增進社會公益及人民福利的行政，如教育文化、經濟、交通、衛生保健等行政業務均是。而現行行社會救助法、老人福利法、兒童福利法及殘障福利法，均為福利行政之表徵，學者有謂保育行政是積極性的；福利行政是消極性的，實則保育行政以福利行政為其目標，福利行政構成保育行政的內容，二者在性質上殊難截然劃分。

賴源河

保險金‧保險費

外觀上雖相似，但意義上是不同的，所謂保險金，係指保險事故發生時，保險人應給付於保險契約締結時當事人所約定之金額（最高限度額），這也是保險費計算的基準。在生命保險，原則上是交付約定之全部金額，而在一定財產保險，因全損和部分損害的不同，保險金並不一致。

保險費是要保人交付於保險人作為其負擔危險責任對價的金錢。保險契約

若無保險費之約定者，無效。故保險費之交付是保險契約的生效要件，故保險契約規定保險費一次交付者，應先交付保險費，而後契約生效，約定保險費分期交付者，應先交付第一期保險費，而後契約生效，但保險契約簽訂時，保險費未能確定者，則無論一次交付或分期交付，契約可先生效，俟保險費確定時再交付（保21）。

另外保險費確定後，亦有增減之時，如保險費會隨保險標的危險增減而調整，如保險契約所載危險減少時，被保險人得請求保險人重新核定保費（保59Ⅳ），危險如有增加，要保人亦得提議另定保險費，要保人對於保險人重新核定減少的保險費或提議增加的保險費，如不同意，契約即為終止（保60），如果保險費係依保險契約所載增加危險的特別情形計算者，其危險若在契約存續期間消滅時，要保人得按訂約時所訂之保險費率，自其情形消滅時起算，請求比例減少保險費（保26Ⅰ）。同樣保險標的價額減少時，也會影響。蓋保險標的價值減少時，因保險金額不得超過保險標的價值的規定，如保險標的價值減少非因詐欺情事所致，經當事人一 方將超過價值的事實通知他方後，保險金額及保險費均應按照保險標的之價值比例減少（保76Ⅱ），如果保險標的物部分受損時，當事人雙方如未終止契約，除契約另有訂定外，以後的保險費可就其未受損害之部分比例收取之（保82Ⅳ）。

賴源河

保險單‧暫保單

保險契約作成書面者，有正式與非正式之分。其正式者為保險單，非正式者為暫保單：(1)暫保單在性質上屬口頭契約的書面紀錄，故嚴格言之尚非保險單之本體，但如其內容已記載保險法所規定之要件者（保55），並且聲明於一定期間內有拘束力者，則在保險單作成交付以前與保險單有同一效力，迨正式保險單發出，暫保單的條件即歸併於保險單，暫保單失其效力。(2)與暫保單不同的是，保險單之發給為完成契約的最後手續，保險單一經發出則先前議定的條件及暫保的約定，均歸併在內，除另有詐欺及非法的情節外，一切條件均以此保險單所載為憑。(3)在效力上，保險單也不同於暫保單，於特定的形式及條件下，有類似證券之效用，得作成指示式或無記名式（保49），隨同標的轉讓，在人壽保險付足一年以上之保險費者，得憑單向保險人質借款項（保120）。

賴源河

保險價值・保險利益

　　兩者用語雖相似，但內容意義不同，所謂保險價值是在損害（財產）保險中，對保險標的物的評價額，故保險價值是被保險人向保險人支付保險費的最高限度，而且是保險人之給付義務的最高限度。同時也是複保險（保38）、一部保險（保77）的判斷基準。

　　保險利益者係指要保人或被保險人對於保險標的有其利害關係，且得享受之利益。換言之，要保人或被保險人，會因保險事故發生，致保險標的之不安全而受損，也會因保險事故不發生，致保險標的之安全而受益。此種損益的利害關係，即是「保險利益」。詳論之：

　　保險利益可大分為財產保險的保險利益及人身保險的保險利益。

1.**財產保險的保險利益**：財產保險的保險利益以經濟利益為限，故財產保險以標的對要保人或被保險人所具有的實際價值定其利益，無此利益者，固為法所不許，即有之而超出其實際的價值或利益者，其逾額部分亦非法所承認，保險法對財產保險之保險利益有如下規定：(1)要保人對於財產上的現有利益，或因財產上的現有利益而生的期待利益，有保險利益（保14）。(2)運送人（包括陸、海、空運）或保管人（如倉庫營業人），對於所運送或保管的貨物，以其所負的責任為限，有保險利益（保15）。(3)基於有效契約而生的利益，亦得為保險利益（保20）。

2.**人身保險的保險利益**：人身保險的保險利益不以經濟利益為限，故對人身保險，在法律上有保險利益存在者，則對保險金額的多寡，法律並不加限制，但為避免道德上之犯罪，保險法對人身保險之保險利益也有如下之規定：(1)要保人對於其本人或其家屬的生命或身體有保險利益（保16 ①）。(2)要保人對於生活費或教育費所仰給之人的生命或身體有保險利益（保16 ②）。(3)要保人對債務人之生命或身體有保險利益（保16 ③），在解釋上，對債務人的保險金額不得超過債務的數額。(4)要保人對於為本人管理財產或利益之人的生命或身體，有保險利益（保16 ④）。(5)基於有效契約而發生權利或責任之人，有保險利益（保20）。例如雇用人為受雇人投保傷害險或健康險者是。

保險利益為保險契約的效力要件，在財產保險，保險利益不必於訂約時存在，但發生損害時，必須有保險利益，在人身保險，保險利益於訂約時就必須存在。

劉得寬

保證債務‧連帶債務

皆為為債權擔保之目的而使用於多數當事人間之法律關係，但兩者卻有相當之差異。

1. **保證債務**：乃是在主債務人不履行債務時，代替主債務人對債權人履行債務之責任。負擔此債務者，通常受主債務人之委託，而與債權人訂有保證契約（民739）。保證債務從屬於主債務，主債務因清償或時效而消滅時，其亦從而消滅。又連帶保證與單純之保證有所不同，通常之保證債務，保證人有先訴抗辯權（民745），而連帶保證則無，債權人自始即可向連帶保證人請求。

2. **連帶債務**：為數人負擔同一內容之債務，而債權人得對其全部或其中一人或數人，同時或先後請求全部或一部之給付。其大部依據契約而發生，或由於法律上規定之連帶情形（民28、185、187、272等等）。連帶債務，因債務人一人所生事由是否及於其他債務人，民法以連帶債務為複數債務，非唯一債務，故原則上就連帶債務人一人所生之事項，無論利益不利益，對其他債務人不生影響（民279）。然例外情形時，亦使其及於其他債務人（民274至278參照）。

劉得寬

保證人‧物上保證人‧身元（身分）保證人

1. **保證人**：乃是在主債務人不履行債務時，由其負擔履行責任之人。在債權人未就主債務人之財產強制執行而無效果前，對於債權人之請求清償，保證人得拒絕之（先訴抗辯權）（民745）。

2. **物上保證人**：乃是為債務人設定物之擔保之人。其自身並不負擔債務，在債務人不履行債務時，其所提供設定擔保之標的物，會因債權人之拍賣而失其

所有權，此時，其可向債務人求償（民879）。

3.**身元（身分）保證人**：乃就他人之職務關係或其他人事關係予以保證之人，一般稱為人事保證人或職務保證人，常使用於僱傭契約關係上。保證人對於主債務人（受僱人）所從事之職務予以保證，在其未能勝任該項職務，而造成債權人（僱用人）之損害時，則由保證人負賠償責任。民法對於身元保證原來未有明文規定，惟一般實務承認之。「承銷保證契約記載：茲擔保某甲在臺灣省某市果菜批發市場經營果菜承銷業務……如有虧欠貨款……等情事，保證人願負法律上一切責任等語，其性質非屬債務保證，而為人事保證（亦稱職務保證或身元保證），與民法第755條所謂就定有期限之債務為保證之情形迥不相同。」（51臺上1854）民法88年4月21日已新增人事保之規定，稱人事保證者，謂當事人約定，一方於他方之受僱人將來因職務上之行為而應對他方為損害賠償時，由其代負賠償責任之契約。前項契約，應以書面為之。（民756-1）；人事保證之保證人，以僱用人不能依他項方法受賠償者為限，負其責任。保證人依前項規定負賠償責任時，除法律另有規定或契約另有訂定外，其賠償金額以賠償事故發生時，受僱人當年可得報酬之總額為限。（民756-2）；人事保證約定之期間，不得逾三年。逾三年者，縮短為三年。前項期間，當事人得更新之。人事保證未定期間者，自成立之日起有效期間為三年。（民756-3）；人事保證未定期間者，保證人得隨時終止契約。前項終止契約，應於三個月前通知僱用人。但當事人約定較短之期間者，從其約定。（民756-4）；有下列情形之一者，僱用人應即通知保證人：一、僱用人依法得終止僱傭契約，而其終止事由有發生保證人責任之虞者。二、受僱人因職務上之行為而應對僱用人負損害賠償責任，並經僱用人向受僱人行使權利者。三、僱用人變更受僱人之職務或任職時間、地點，致加重保證人責任或使其難於注意者。保證人受前項通知者，得終止契約。保證人知有前項各款情形者，亦同。（民756-5）；有下列情形之一者，法院得減輕保證人之賠償金額或免除之：一、有前條第一項各款之情形而僱用人不即通知保證人者。二、僱用人對受僱人之選任或監督有疏懈者。（民756-6）；人事保證關係因左列事由而消滅：一、保證之期間屆滿。二、保證人死亡、破產或喪失行為能力。三、受僱人死亡、破產或喪失行為能力。四、受僱人之僱傭關係消滅。（民756-7）；僱用人對保證人之請求權，因

二年間不行使而消滅。（民756-8）；人事保證，除本節有規定者外，準用關於保證之規定。（民756-1～756-9）

指揮・指示・指導

此三者均是使對造作為、不作為或如何作為的涵義，且均得行使於有隸屬關係之間，如上級機關或長官指揮、指示或指導所屬下級機關或屬員，惟指示亦得行使於無隸屬關係之間，如行政院各部會並非省政府的上級機關，彼此無隸屬關係，但各部會組織法中均有「……部（會）對於各地方最高級行政長官執行本部（會）主管事務，有指示監督之責」；至於指導一詞，適用更廣，無論有無隸屬關係，均得行使之。

指揮權・監督權

指揮監督，為現行法令所習見的連稱用語，稱為指揮權及監督權。

1.**指揮權**：指使被指揮者有所作為、不作為或如何作為的職權，行使於隸屬關係者之間，如上級機關對所屬下級機關，長官對於屬員，且恆行使於事前。有指揮權者，同時亦具有監督權，以貫徹指揮權的作用。

2.**監督權**：指對被監督者的作為、不作為或如何作為，行使其督察的職權；不僅上級機關或人員對所屬下級機關或人員，有其監督權，即無隸屬關係的機關或人員對其他機關或人員，亦得依法行使其監督權，如各級民意機關對同級的行政機關的監督權是，監督權恆行使於事後，且有監督權者，並非同時具有指揮權，如各級民意機關對各級行政機關雖有監督權而無指揮權。

侵占・背信

向來對於兩者之意義及區別，學說與判例頗有爭執，站在通說的觀點，可

作下列之說明。

1.**侵占**：謂受他人委託而占有之他人的物予以變更持有為所有之行為（刑335、336），至其為消費、穿著、使用、毀棄、隱匿或拒絕交還等事實行為，或出賣、互易、贈與、借貸、設定質權或抵押權、抵充債務或寄存銀行等法律行為，均在所不問。

2.**背信**：謂為他人處理事務之人，意圖為自己或第三人不法之利益，或損害本人之利益，而為違背其任務之行使，致生損害於本人之財產或其他利益者（刑342、343）。違反與他人之信任或信賴關係而加損害於財產之點，此為兩者之本質所同，至其區別，依通說之見解，在於如係對於各個之財物時，屬於侵占；如係對於財物以外之財產上之利益，則屬於背信。依此，處分委託物如為自己利益之目的，應認為侵占，如依本人之名義或計算為之，則應認為背信。

蔡墩銘

侵害・妨害

均指被禁止之行為。(1)侵害，謂人類所實施之侵害他人權利之行為（民184、185、刑23）。(2)妨害，謂妨害他人行使權利之行為（刑135、142、147、246、304）。

管　歐

軍事審判・司法審判

1.**軍事審判**：由軍事審判機關掌理其審判權，人民除現役軍人外，不受軍事審判（憲9）；但戒嚴法有特別規定者，從其規定（軍審1，戒嚴8）。軍事審判屬於國防部軍法局之掌理事項，國防部係行政院之隸屬機關，因而軍事審判屬於行政權之範圍。

2.**司法審判**：指司法院所掌理民事、刑事、行政訴訟之審判（憲77），其中民、刑事訴訟，由各級司法法院行使審判權；行政訴訟由行政法院行使審判權，均屬於司法權之範圍。

管 歐

軍政時期‧訓政時期‧憲政時期

國民政府建國大綱第5條規定：「建設之程序，分為三期：一曰軍政時期，二曰訓政時期，三曰憲政時期」；第6條：「在軍政時期，一切制度悉隸於軍政之下，政府一面用兵力以掃除國內之障礙，一面宣傳主義，以開化全國之人心，而促進國家之統一」；第7條：「凡一省完全底定之日，則為訓政開始之時，而軍政停止之日」；第25條：「憲法頒布之日，即為憲政告成之時，而全國國民則依憲法行全國大選舉，國民政府則於選舉完畢之後三個月解職，而授政於民選之政府，是為建國之大功告成。」

依上述各規定，國民政府於民國17年北伐成功，統一全國，至20年6月1日中華民國訓政時期約法公布之時，為軍政時期，可謂軍法之治；自訓政時期約法公布施行之後，至36年12月25日中華民國憲法施行之日為止，則為訓政時期，可謂約法之治；自中華民國憲法施行之日起，則為憲政時期，可謂憲法之治。

蔡墩銘

契約‧約定

均指雙方同意之事項。

1.**契約**：謂依私法規定雙方意思表示合致所為之法律行為（民153、154、161、166，刑108、194）。

2.**約定**：謂雙方就特定事項獲得意思合致之行為，在私與外國訂約罪之約定，必相與約定之對方為外國政府或其派遣之人，若與私人為約定者，不成立該罪（刑113）。

劉得寬

契約‧約定‧協約

1.**契約**，雙方當事人就有關應受法律保護之一定事項，因意思表示相互交換一致而成立之法律行為。「當事人互相表示意思一致者，無論其為明示或默

示，契約即為成立」（民153）。即契約之成立，以當事人雙方之要約，承諾意思交錯而一致為要點。

2.**約定**，使用於與契約同義之場合，如約定利率（民204）。

3.**協約**，如同契約行為，雙方當事人相對立，其意思表示交錯的一致，惟其常使用於當事人之一方或雙方為特別之團體（如勞工團體），就有關特別事項之內容予以約定之場合，「稱團體協約者，謂僱主或有法人資格之僱主團體，與有法人資格之工人團體，以規定勞動關係為目的所締結之書面契約」（團體協約1）。

管 歐

要式行政行為・不要式行政行為

此以行政行為是否須具備一定的方式為標準，得分為：

1.**要式行政行為**：指行政機關的意思表示，須具備法定方式，始發生法律效力，如機關公文應依公文程式條例的規定程式（公文2至6）；訴願決定書應載的法定事項（訴願89），行政行為乃公權力的行使，以要式行為為原則。

2.**不要式行政行為**：指行政機關的意思表示，不須具有一定方式，即可發生法律效力，如警察機關因偶發的緊急事件，為維護社會秩序，而臨時為口頭通知或其他必要措施是，行政行為以不要式為例外，除法令無要式的規定外，應以職權裁量行之。

蔡墩銘

要求・請求

均指向人所為之表示。(1)要求，謂明示之意思表示（刑306）。(2)請求，謂申請為一定之行為，例如刑法第116條之妨害名譽罪及第118條之罪，須外國政府之請求乃論（刑119、刑訴243）。

蔡墩銘

持有・占有・攜帶

均指對於物為事實上之支配。(1)持有，謂客觀上對於物為事實上之支配（刑186、187、263、335、336）。(2)占有，謂為自己之意思而持有物之情形（民940、941、942、943、944、945、946、947、948）。(3)「攜帶」，謂隨身持有（刑132、槍彈管13）。

蔡墩銘

冒充・冒用

均指假冒之行為。(1)冒充，謂非該公務員而冒用該公務員名義之行為（刑158）。(2)冒用，謂基於欺罔之意思，無公務員身分而擅行使用公務員服章官銜，或雖為公務員而擅用與其本職不相當之服章官銜之行為（刑159）。

管　歐

施政方針・施政綱要・施政報告

施政方針乃指政治設施之趨向及目標；施政綱要乃指實現施政方針之具體方案及步驟； 施政報告乃指政治設施之成效及結果，又稱工作報告。凡具有決策職權之政府機關，應有施政方針、施政綱要及施政報告。

行政院有向立法院提出施政方針及施政報告之責（憲57Ⅰ）；行政院應於年度開始九個月前，擬定下年度之施政方針（預算30）；中央政府總預算案，由行政院於會計年度開始四個月前提出立法院審議，並附送施政計畫（預算46）。

蔡墩銘

侮辱・污辱

均指輕慢不敬之行為。(1)侮辱，謂不指摘具體事實，而從事可能貶損他人社會評價之一切輕蔑行為（刑118、140、246、309、312）。(2)污辱，謂污

穢或侮辱之一切行為，精神上及物質上之污辱，均包括在內（刑247、249）。

蔡墩銘

姦淫‧猥褻

均指妨害風化之行為。(1)姦淫，謂異性間之交合行為，同性間之交合行為非姦淫而係猥褻（刑221、225、227、228、229、231、233）。(2)猥褻，謂姦淫以外一切違背善良風俗，有害一般人正常之羞恥感情，而足以刺激性慾或滿足性慾之行為（刑224、225、227、228、231、233、234、235）。

蔡墩銘

宣誓‧具結

均指保證其行為誠實。(1)宣誓，謂公務員就職時所提出之保證，如總統就職時應宣誓（憲48）。(2)具結，謂證人作證以前或作證以後所為之保證其據實陳述，鑑定人則在鑑定前保證其所為之鑑定公正誠實（民訴312、313、314、315、334，刑訴186、187、188、189、202）。

管　歐

省縣自治通則‧省自治法‧縣自治法‧ 省縣自治法

省縣自治通則為全國各省縣實行自治所共同適用之法律，應由中央立法（憲108Ⅰ），立法院現尚未制定此種法律。

省自治法由省召集省民代表大會，依據省縣自治通則制定之，但不得與憲法牴觸（憲112）。

縣自治法由縣召集縣民代表大會，依據省縣自治通則制定之，但不得與憲法及省自治法牴觸（憲122）。

省縣自治通則與省縣自治法有母法子法之關係，因該通則尚未制定，省縣亦自無從分別召集省、縣民代表大會，以制定省、縣自治法。

省縣自治法（民國83年7月29日公布）係依中華民國憲法增修條文而制

定，不受憲法第108條第1項第1款、第112條至第115條及第122條有關「省縣自治通則」、「省自治法」及「縣自治法」規定之限制（憲增9），而排斥其適用。

省縣自治法共分7章，即「總則」、「省、縣（市）、鄉（鎮、市）民之權利與義務」、「自治事項」、「自治組織」、「自治財政」、「自治監督」及「附則」，凡66條，實為省縣自治之基本法律，但本法已廢止。關於地方自治，必須依據地方制度法辦理。民國88年1月13日公布之地方制度法經過多次修正後共分五章分別為，總則、省政府與省諮議會、地方自治、中央與地方及地方間關係，最後一章為附則。

劉得寬

信賴利益・履行利益

前者又稱為「消極的契約利益」，後者則為「積極的契約利益」。二者為損害賠償請求之範圍之區別。

1. **信賴利益**：為對因信賴不成立、無效之契約為有效所受之損害。例如，對於標的物檢查之費用，訂約費用，準備履行所需費用，為支付價金而融資之利息等是。
2. **履行利益**：以契約之有效為前提，債務人如依債務之本旨履行，債權人所應得之利益即是。例如，標的物之利用所得之利益，標的物增值之利益，或轉賣第三人之轉賣利益等是。

信賴利益之賠償，在契約締結之過失時承認之（民247），履行利益則為債務不履行時之損害賠償之對象。

蔡墩銘

迴避・拒卻

均指執行職務之排斥。

1. **迴避**：謂法院之機關與其所審理之案件具有特殊關係，為維持裁判之公正與威信，使與該案件有特殊關係之法院機關放棄對該案件之審判（民訴32、33、34、35、36、37、38、39、469，刑訴17、18、19、20、21、22、23、

24、25、26、379）。

2.**拒卻**：謂實施鑑定之人，如有推事自行迴避之原因，而不自行迴避者，難保無偏頗之虞，而為期其為公正誠實之鑑定，許當事人向選任鑑定人之機關聲請排斥該鑑定人之執行職務，但不得以於該案件曾為證人或鑑定人為拒卻之原因（民訴331、332、333，刑訴200、201）。

賴源河

為自己利益的保險契約・為他人利益的保險契約・為自己利益兼為他人利益的保險契約

此三者為保險契約的類別，分述之：

1.**為自己利益的保險契約**：指要保人以自己名義，為自己利益所訂的保險契約，保險契約所發生的權利義務，均由要保人自己享受或負擔，要保人兼為受益人，至於保險標的或為自己的生命財產，或為他人的生命財產。

2.**為他人利益的保險契約**：指要保人以自己名義，為他人利益所訂的保險契約，此種契約，要保人僅負支付保險費的義務，至於保險金額的請求權，則歸屬於受益的第三人，保險標的，或為自己的生命財產，或為他人的生命財產。

3.**為自己利益兼為他人利益的保險契約**：此指要保人以自己名義，為自己利益兼為他人利益所訂立的保險契約，其情形又分為二：(1)為全體合夥人或共有人而訂立者（保47）。(2)視同為第三人利益而訂立者；在(2)項情形又可分為二：(a)依我保險法規定，就集合之物總括為保險者，被保險人家屬、受僱人或同居人之物，亦得為保險標的，載明於保險契約，在危險發生時，就其損失享受賠償，此項保險契約，視同並為第三人利益而訂立（保71）。(b)又保險契約係為被保險人所營事業的損失賠償責任而訂立，被保險人的代理人、管理人或監督人所負的損失賠償責任，亦享受保險的利益，其契約視同並為第三人的利益而訂立（保92）。

蔡墩銘

洩漏・傳述

均指告知。(1)洩漏，謂使不應知悉之人，知悉其事，洩漏之方法如何，在所不問，例如以言語告知、使人閱覽、予人暗示或以舉動示知，皆無不可（刑107、132、316、317、318）。(2)傳述，謂宣傳轉述，使人知悉（刑310）。

十劃

管 歐

修正・修改

法律之修正，亦得謂為法律之修改。「修正」與「修改」二用語之適用，尚無法定之界說，即在憲法第27條及第174條之各條文中，同時有「修正」與「修改」之用語，並列其間，因二者之涵義，均係就原有之規定，予以變動更改，而為修訂，適用其中任何一詞，原無不可，惟中央法規標準法中僅適用「修正」一詞，而法律之修正，由總統公布時，亦明令「茲修正某某法公布之」，自以「修正」一詞較符立法體例。

蔡墩銘

原本・正本・繕本

均指同一文書之製作情形。(1)原本，謂原來或最初作成之文書（刑訴52、226）。(2)正本，謂為代替原本而被賦予原本同一效力之文書（刑訴52、227、255、314）。(3)繕本，謂為證明原本之存在及其內容，而照錄原本之全部內容之文書（刑訴320、328、350、383）。

陳榮宗

原本・抄本・正本・謄本

此係就同一內容文書間之相互關係所作的區別。原本者，以表示某種思想為目的，由文書作成人最初且確定作成之文書。抄本（節本），乃節錄原本內容一部之文書。謄本（繕本），係依照原本所作成，將原本之內容完全照錄者。文書之謄本，對外與原本有同一效力者，稱為正本。

賴源河

原因關係・資金關係

　　原因關係、資金關係此兩者均係票據的實質關係或基本關係，資金關係乃當事人（發票人與受款人，或背書人與被背書人）之間，所以授受票據之緣由，票據之授受即本此緣由而來，故此等緣由稱為票據原因，而該原因之法律關係稱為原因關係。票據原因不一而足，或由於價金之交付或由於金錢之借貸、贈與等等，惟票據為無因證券，票據行為與票據原因互相獨立，票據原因一經發生，即與其原因關係脫離，其原因關係縱有不成立或無效之情形時，對既有之票據權利並不影響，此顧及票據之流通。但在直接當事人間或對惡意第三人仍得以原因關係對抗，其係無對價（原因關係），或以不相當對價取得票據者，不得享有優於前手之權利。

　　資金關係乃指匯票、支票之付款人與發票人或其他資金義務人間所生之補償關係。資金關係與票據關係兩者互相獨立，資金關係，僅為發票人與付款人（或承兌人）間的關係，資金關係存在與否於票據的權利義務毫無影響。票據債務人不得以資金關係的理由，對抗票據債權人，發票人不得以已供資金於付款人為理由，拒絕票據債權人行使追索權，承兌人亦不得以未受資金而為拒絕付款理由，其票據行為更不因資金關係而歸於無效。

管　歐

原則法・例外法

　　法律得分為原則法與例外法，乃以法律所規定的事項，是否係一般的原則性為分類的標準，原則法乃關於某種特定事項，為一般性的適用準則，例外法則排除此種準則而不予適用，例如：人之權利能力，其始期，原則係始於出生（民6），其例外則為未出生的胎兒（民7）；人之權利的終期，原則為死亡（民6），其例外則為死亡宣告（民8、9）。又同一條文之中，有「但書」字句者，在「但書」以前，是原則性的規定，「但書」以後，是例外性的規定。

　　原則法與例外法，恆規定於同一法律或同一條文之中，且平行的予以適用，此與普通法律與特別法，恆規定於二種以上的法律，且特別法排斥普通法而優先適用者不同。原則法與例外法區別的實益，即在例外法應從嚴格解釋，

而不得為類推、擴張或縮小解釋。

管 歐

原俸‧減俸

1.**原俸**：指經銓敘機關依法敘定的俸給。包括本俸、年功俸及加給在內，俸給恆以月計之，故曰月俸，非依法律規定，不得降敘減俸（公俸16）。
2.**減俸**：為懲戒處分的一種，依其現職的月俸，減百分之十或百分之二十支給，其期間為六個月以上、一年以下，自減俸之日起，一年內不得晉敘、升職或調任主管職務（公懲9、14）。

管 歐

財務行政‧經濟行政

　　財務行政簡稱財政，其任務在開發財源，管理財務，調度經費，支應庶政，舉凡關於國有資產、國庫、關務、稅務、鹽務、公債、證券、錢幣、金融、專賣事業的籌劃、經營、管理、調度等行政事項均屬之。

　　經濟行政的任務在發展資源，增加生產，充裕民生，繁榮社會，舉凡關於農、礦、工、商、漁、牧、水利、加工出口、國際貿易等行政事項均屬之。

　　財務行政與經濟行政，恆概稱為財經事項，足見其關係的密切，以財務發展經濟，以經濟充裕財源，二者有彼此依存及相輔相成的關係及作用。

賴源河

財產出資‧勞務出資‧信用出資

　　此為股東出資之型態，出資者乃為達到公司營利之目的，股東基於股東資格，對於公司所為之一定給付。

1.**財產出資**：為以現金及其他財產為標的之出資，其他財產如一般動產、不動產、債權、專利權、著作權。股東以現金以外財產出資者，其種類、數量、價格或估價標準均應記載於章程（公41Ⅰ⑤）。
2.**勞務出資**：為股東以精神上、身體上之勞力，供給於公司之出資，例如技術

人員為公司提供一定之技術，此類出資須將其估定之價格及勞務之標準載明於章程上，至於其標準如何，由訂立章程者自由訂立之。

3.**信用出資**：為股東利用其信用以作為出資，此種出資，可使公司獲得種種有形、無形之利益，如為公司連帶保證或就公司所發行之票據為背書、承兌等行為，其出資亦須由章程訂立，且載明估價之標準（公43）。

財團法人‧社團法人

劉得寬

皆為非自然人而由法律賦予其法人人格之團體。

1.**財團法人**：為一定目的提供財產以供營運而設立之法人。其為財產之集合體，成立之基礎在於財產，為依據提供財產設立法人者之意思營運之法人（民62），其並無社員為其構成員。財團法人之成立，除依民法者外，另有依各種特別法而設立者，如私立學校法。

2.**社團法人**：為一定目的而以人之結合為基礎而設立之法人，其為人之組織體，與為財產之集團之財團法人不同，以社員之存在為必要（民47⑤、⑥，49、52以下）。社團法人可分公益社團及營利社團（例如公司，公1），財團法人在性質上則皆為公益社團。

起敘‧換敘‧晉敘‧降敘‧比敘

管 歐

依公務人員俸給法及其施行細則與其他有關法令的規定，關於公務人員俸給的核敘，得分為起敘、換敘、晉敘、降敘、比敘。

1.**起敘**：本俸的支給，初任簡任職人員，均自本職等三階最低俸級起，委任職人員依其資格，按階分級起敘。

2.**換敘**：升等晉階任用人員原敘年功俸者，應予換敘同數額本俸。

3.**晉敘**：經銓敘機關核定的俸級，非依考績法及其他法律的規定，不得晉敘。

4.**降敘**：經銓敘機關核定的俸級，非依考績法、懲戒法的規定，不得降敘。

5.**比敘**：係指比照相當的俸給，以核敘其俸給，例如：降級人員在本職等範圍內無級可降時，以其應降之級為準，比照俸差以減其俸，又如依照「後備軍

人轉任公職考試條例」所定的比敘，按其軍職年資，比敘其取得公務人員任用資格的相當俸給。

蔡墩銘

起訴‧再行起訴

均指聲請法院審判之意思表示。(1)起訴，謂起訴者就特定案件聲請法院審判之意思表示（刑訴264、319）。(2)再行起訴，謂不起訴處分確定後，發現新事實或新證據或有刑事訴訟法第420條第1項第1款、第2款、第4款或第5款所定得為再審原因之情形者，得對於同一案件再行起訴（刑訴260）。

蔡墩銘

追訴‧訴究

均指起訴。(1)追訴，謂刑事訴訟之提起（刑80、82、83）。(2)訴究，謂以起訴作為追究之方式（憲52）。

蔡墩銘

追訴權時效‧行刑權時效

皆指因經過法定期間而生權利得喪之效果。(1)追訴權時效，謂自犯罪行為成立之日起，經過一定期間而未行使追訴權時，不得提起刑事訴訟（刑80、82）。(2)行刑權時效，謂有罪判決確定之後，未受刑罰之執行而經過一定期間者，免除其刑之執行（刑84、85）。

蔡墩銘

追徵‧追繳

均指追回所得財物或其利益而言。(1)追徵，謂沒收不能時，代替沒收之處分，即令受賄者繳納與賄賂原物相當之價額以代沒收之處分（刑121、122，貪罪10）。(2)追繳，謂沒收前之處分，即在對於賄賂予以沒收之前，先對於

受賄之公務員追回其所得之財物，然後依其情節分別沒收或發還被害人（貪罪10）。

蔡墩銘

案件之移送．案件之移轉

1. **案件之移送**：謂無管轄權之案件，應諭知管轄錯誤之判決，並同時諭知移送於管轄法院（刑訴304），但屬於自訴案件者，非經自訴人聲明，毋庸移送案件於管轄法院（刑訴，335）。
2. **案件之移轉**：謂原有管轄權之法院因某種情事，不能或不宜行使審判權時，由直接上級法院以裁定將案件移轉於其管轄區域內與原法院同級之他法院（刑訴10）。

賴源河

記名股票．無記名股票

以股票之形式加以區分，可有記名股票與無記名股票，端視股票上有無記載股東之姓名，此兩者區別之實益，在於轉讓之方式及股東會召集之程序有所差異：

1. **轉讓之方式**：記名股票之轉讓，應由股票持有人以背書轉讓之，且非將受讓人之本名或名稱記載於股票，並將受讓人之本名或名稱及住所或居所記載於公司股東名簿，不得以其轉讓對抗第三人。然無記名股票之移轉，只須有轉讓之合意及交付行為即可。
2. **股東會之召集程序**：股東常會之召集，於記名股票應於二十日前通知各股東，無記名股票則應於三十日前公告之，臨時股東會之召集應於十日前通知各記名股東，對於持有無記名股票者應於十五日前公告之。同時無記名股票之股東，非於股東會開會五日前，將股票交存公司，不得出席（公172、176）。
3. **發行之限制**：公司原則上應發行記名股票，但得以章程規定發行無記名股票，但其股數不得超過已發行股份總數二分之一（公166）。

賴源河

個別股東權・少數股東權

　　若以其行使是否須達一定之股份之比例為標準，可區分為個別股東權及少數股東權。少數股東權之作用，在於防止多數決原則之濫用與大股東之操縱與專橫。單獨股東權，為股東一人單獨即可行使之權利，而少數股東權，係指須持有已發行股份總數達一定比例以上股份之股東，始得行使之權利，依公司法，少數股東權應可分成五大類：(1)繼續六個月以上持有已發行股份總數百分之三以上股份之股東得聲請法院檢查公司之業務及財產（公352 I）。(2)繼續六個月以上持有已發行股份總數百分之十以上之股份之股東得聲請公司重整（公282 I、II）或裁定解散（公11 I）。(3)繼續一年以上持有已發行股份總數百分之三以上股份之股東，有下列權利：(a)得請求董事會召集股東臨時會（公173 I）或自行召集股東臨時會（公173 II）；(b)得聲請法院選派檢查人（公245 I）；(c)得請求法院解任清算人（公323）；(d)得訴請法院解任董事。(4)繼續一年以上，持有已發行股份總數百分之三以上股份之股東，有對董事及監察人提起訴訟之權（公214、227）。(5)持有已發行股份總數百分之三以上股份之股東，於董事或監察人因股份轉讓或其他理由，致不能依法召集股東會時，得報經地方主管機關許可，自行召集股東會（公173 IV）。

蔡墩銘

流言・詐術

　　均指足以使人陷於錯誤之方法。

1. **流言**：謂無稽之言，其內容屬於虛偽，而使人誤信為真（刑313）。
2. **詐術**：謂使人陷於錯誤之不正方法，利用人之錯誤或不知，固屬詐術，即隱蔽事實之真相，亦可視為詐術（刑146、229、297、313、339、355）。

管　歐

剛性憲法・柔性憲法

　　此為憲法修改程序難易之分類，剛性憲法指修改憲法之程序，較普通法律

為繁難艱鉅，修改機關亦恆與普通法律不同，其效力亦較普通法律為強，中華民國憲法（憲171、174）及成文憲法國家的憲法屬之。

柔性憲法指修改憲法之程序，與普通法律相同，不成文憲法屬之，因國家既無成文憲法，則憲法與普通法律的修改程序，已無區別的餘地。

管　歐

晉級・留級・降級

此三者均為公務人員俸級的變動，晉級與留級，屬於考績範圍；降級則屬於懲戒範圍。

1. **晉級**：公務人員考績，以百分為滿分，八十分以上者為甲等，晉俸一級，給與一個月俸給總額的一次獎金；已晉至本職最高俸級者，晉年功俸一級，給與一個月俸給總額的一次獎金，已晉至年功俸最高額者，給與二個月俸給總額的一次獎金。

   考績七十分以上未滿八十分者為乙等，晉俸一級，晉至本職最高俸級者，給與一個月俸給總額的一次獎金（公考6、7）。

2. **留級**：考績六十分以上未滿七十分者，為丙等，留原俸級，或留原俸階（同前）。

3. **降級**：為懲戒處分的一種，依其現職的俸給，降一級或二級改敘，自改敘之日起，二年內不得晉敘、升職或調任主管職務；受降級處分而無級可降者，按每級差額，減其月俸，其期間為二年（公懲13）。

蔡墩銘

脅迫・強迫・恐嚇

「脅迫」、「強迫」均在使人產生不安之感覺，因而影響其意思決定，有其共通之點。

1. **脅迫**：意義有廣狹之不同：(1)廣義之脅迫，指可使人引起恐怖觀念之一切行為，但不限於受惡害通知之人已引起恐怖，即使並未因而引起恐怖，亦包括在內（民92、93、105、997、998、1145，刑125、135、149、150、152、161，刑訴98、156）。(2)狹義之脅迫，指以加害生命、身體、自由或財產為

通知而使人引起恐怖觀念之行為，但不限於受惡害通知之人已引起恐怖，即使並未因而引起恐怖，亦包括在內，此點與廣義之脅迫同，但惡害之內容受限制，卻與廣義之脅迫有異（刑305）。(3)最狹義之脅迫，指以加害生命、身體為通知，並須至使不能抗拒，如尚非至使不能抗拒，不能認為脅迫（刑221、224、228）。

2.**強迫**：乃由於惡害之通知而妨害其為自由之意思決定（刑261）。

3.**恐嚇**：係以使他人生畏怖心為目的而通知將加惡害之旨於被害人者。惟惡害之通知方法，並無限制，無論以文書或言語，均可實施，但不以使受惡害通知者真正引起恐怖為必要（刑151、305、346）。

賴源河

被保險人・要保人・保險人

三者皆為保險契約之關係人。(1)被保險人，在財產保險和生命保險是不同的，在財產保險，被保險人是被保險利益的主體，是受領保險金支付之人。在生命保險之情形，以自己生命為保險者，該人謂之被保險人。(2)要保人，為保險人之相對人，以自己名義和保險人締結保險契約，並向保險人支付保險金者，和保險人一樣同為保險契約的當事人（保2）。(3)保險人，於保險事故發生時，以保險契約當事人地位負有損害填補和其他給付之義務，另外保險人之資格，保險法有嚴格之規定（保2、136至150）。

劉得寬

特留分・應繼分

1.**特留分**：是指繼承開始時，為確保繼承人而所予以保留之一定比例之遺產，其為繼承人應繼分之一定比例（民1223）。基於私人財產之尊重及個人意思自治思想，法律允許被繼承人得於生前處分其死後之財產。惟此種所有權自由之延長卻不能任其擅自為之，而使其生前所為遺贈等行為侵害其他繼承人。例如生前立遺囑將財產遺贈與他人，致使其妻、子等無所得而須仰賴國家社會之救濟，增加國家負擔。因此，被繼承人故得依遺囑自由原則預先處分其死後之財產，但須保留一定比例之遺產與繼承人。如被繼承人之遺贈侵

及繼承人之特留分，該遺贈並非因而無效，惟被侵及特留分者，可自該遺贈財產中扣減其不足特留分之數額（此係為特留分的扣減請求權）。

2. **應繼分**：為各繼承人對於遺產所承繼之比例。對於應繼分之決定方法，可由被繼承人遺囑指定（民1187），亦可由法律決定其數額（民1144）。繼承人中如有在繼承開始前，因為結婚、分居或營業，已從被繼承人受有財產贈與者，除被繼承人在贈與時已有反對之表示，否則該贈與價額應於遺產分割時，從該繼承人之應繼分中歸扣（民1173）。

蔡墩銘

浸害・侵害・侵犯

均指實施被禁止之行為。(1)浸害，謂利用水力以使物之效用滅失或減少（刑178、179、180）。(2)侵害，謂對於權利或自由所為之被禁止的行為（民184、185、187、188、189、192、193、194、195）。(3)侵犯，謂對於領土或權利之侵害。

劉得寬

時效・除斥期間

因時間之經過而影響權利之存續或行使者，一為時效期間，一為除斥期間。除斥期間為權利預定存續之期間，於期間經過後，權利當然消滅。而時效，可分為取得時效與消滅時效兩種。取得時效為因一定時間之經過而取得權利之制度（民768至772），消滅時效則因一定時間之經過，不行使其權利，致使其請求權消滅。消滅時效與除斥期間有所差異。在消滅時效完成前，得因權利行使之種種措施（如請求、承認、起訴……等）；而使得時效中斷（民129），時效中斷者，自中斷之事由終止時，重行起算（民137），且時效期間終止時，可因難於行使權利之特定事實發生，而使時效在一定期間內暫不完成，使因時效完成而受不利益者，可利用此不完成之期間，行使權利，以中斷時效（民139至143）。於消滅時效完成時，因而受有利益者，必須對此加以援用，法院始得以之為裁判之資料。除斥期間則無中斷、不完成之規定，且縱未經當事人之援用，法院亦得依職權以之為裁判之資料。時效制度民法有明文規

定，而除斥期間則為學說上之概念，民法上並未有規定。對於民法上規定有限制權利行使之期間者，該期間究為消滅時效抑或為除斥期間，則有予以判斷之必要，一般言之，如條文中有「因時效……」等字樣者為時效期間，惟此乃屬原則，仍應就權利之本質及其立法精神等加以斟酌。

蔡墩銘

悛悔實據・悛悔向上

屬於同義字，即遵守監獄規律，保持善行，後悔己非而為改過遷善之情狀。(1)悛悔實據，乃刑法對於假釋所規定之要件，其所注重者已經改過遷善之證據（刑77）。(2)悛悔向上，乃監獄行刑法為假釋而規定之條件（監刑81）。為證明受刑人是否悛悔向上，報請假釋時，應附具足資證明受刑人確有悛悔情形之紀錄及監務委員會之決議錄。

管　歐

秘密選舉・公開選舉

1.**秘密選舉**：指在選舉票上僅記載被選舉人之姓名，而不記載選舉人自己之姓名，亦稱「無記名投票」（憲129、刑148），其主旨在使選舉人能充分自由行使其選舉權，足以免他人之威脅利誘。
2.**公開選舉**：指在選舉票上同時記載被選舉人與選舉人之姓名，亦稱「記名投票」，因難確保選舉人之選舉自由意思，已為各種選舉所少採用之選舉方法。

蔡墩銘

海盜・空盜

均指在領土以外所實施之不法行為。(1)海盜，謂未受交戰國之允准或不屬於各國之海軍，而駕駛船艦，意圖施強暴、脅迫於他船或他船之人或物之行為（刑333、334）。(2)空盜，謂以強暴脅迫或其他方法劫持航空器之行為（民航100）。

管　歐

俸級・俸點

　　俸級與俸點，均為公務人員俸給計算的基礎及標準。俸級係指各官等、職等本俸及年功俸所分的級次，俸點係指計算俸給折算俸額的基數（公俸2）。

劉得寬

託運單・提單

　　二者皆為有關物品運送之證券。

1.**託運單**：為於物品運送契約成立時，因運送人之請求，由託運人作成交付之書面（民624Ⅰ）。託運單者，記載運送主要事項，使運送人於實行運送物之運送時，能正確地掌握必要之事項（民624Ⅱ）。此託運單非運送契約書，又非有價證券，僅為單純之證據證券，非運送契約成立之要件。然託運人所交付運送人之貨物，運送人須憑此託運單連同物品，一併交付受貨人，由受貨人照單審核收受，故亦頗關重要，運送人如向託運人請求填給託運單時，託運人自應負填給之義務。

2.**提單**：為陸上運送之運送人交與託運人運送物品之收據，而為提取貨物之憑證。運送物品到達目的地後，須憑提單提取，故託運人有向運送人請求填發提單之權利（民625Ⅰ）。提單非單純之證據證券，而為一有價證券，應具一定之款式。且具有文義性、背書性、物權證券性、繳回證券性（民627至630）。在海上物品運送之場合，託運人所請求運送人填發者，則為載貨證券（海53、54）。

十一劃

國內法・國際法

　　法律得分為國內法與國際法，乃以法律是否由一個國家所制定，及是否以施行於一國領域內，為其區別的標準，國內法乃指由一個國家所制定，其施行區域，亦僅以一國的領域為其範圍，任何各國所制定的法律均為國內法。

　　國際法乃指由一般國際社會所公認的法則，其施行的區域，並不以某一國家的領域內為限，各國相互間，亦可以施行者屬之，如以前的國際聯盟的盟約，現在聯合國的憲章是，因依聯合國憲章規定，聯合國的創始會員國及其他愛好和平的國家，接受本憲章所載的義務，經本組織認為確能並願意履行該項義務者，得為聯合國會員國（聯合國憲章3、4），截至1985年6月止，聯合國會員國共有158個國家，均有履行聯合國憲章的義務，該項憲章及依憲章所產生的其他規章，自具有國際法的性質。

國民大會・國民大會會議

　　依據憲法規定國民大會為代表全國國民行使政權的機關，以依法選出之國民大會代表組織之，行使憲法所賦予之職權（憲25）第七次修憲後，國民大會已廢除，憲法第25條至第34條規定停止適用（憲增1）。

國民教育・基本教育

　　人民有受國民教育之權利與義務（憲21）。六歲至十二歲之學齡兒童，一律受基本教育（憲160）。國民教育即是國民之基本教育，國民教育法規定凡六歲至十五歲之國民，應受國民教育，國民教育分為二階段，前六年為國民小

學教育，後三年為國民中學教育（國教2、3），共為九年。足見國民教育與基本教育之用語雖異，其涵義則彼此相同。

國防行政・軍事行政

國防行政亦稱軍事行政或簡稱軍政。「中華民國之國防，以保衛國家安全，維護世界和平為目的」（憲137Ⅰ），國家必須有適度的強大軍力，以達成其任務，致有兵役的徵集訓練、軍事徵用徵購的實施、聯勤業務的辦理、後備軍人的管訓、軍法審判的行使等事項，均為國防行政，亦即軍事行政。

惟嚴格言之，國防行政的範圍較廣，軍事行政僅為國防行政的主要事項，我國現制，國防部主管全國國防事務，設有人力司及物力司，並分別掌理關於民防組訓、退除役官兵安置及文武轉任政策、制度的規劃，國防資源運用的核議與配合，軍事工業發展與一般工業相互配合政策、制度的規劃與核議等事項，均屬於國防行政的範圍（國防部組1、4、5）。

國防部設參謀本部，下轄陸軍、海軍、空軍、聯合勤務各總司令部、憲兵司令部及軍管區司令部（同法6、10），此則屬於戰鬥序列，其本質雖與軍事行政有別，惟其隸屬關係及制度的建立，仍為軍事行政。

國家安全會議・國家安全局

總統為決定國家安全有關大政方針，得設國家安全會議及所屬國家安全局（憲增2Ⅳ）：
1. **國家安全會議**：為總統決定國家安全有關之大政方針之諮詢機關，其會議以總統為主席，其決議作為總統決策之參考。國家安全會議及其所屬國家安全局應受立法院之監督（國安會2、3、5、8）。
2. **國家安全局**：隸屬於國家安全會議，綜理國家安全情報工作及特種勤務之策劃與執行，並對國防部軍事情報局、電訊發展室、海岸巡防司令部、憲兵司令部、內政部警政署、法務部調查局等機關所主管之有關國家安全情報事項，負統合指導、協調、支援之責。國家安全局置局長一人，綜理局務；副

局長三人，襄助處理局務（國安局組2、4）。

國家行政・地方行政

1.**國家行政**：亦稱中央行政或國家直接行政，凡由中央立法並執行的行政事項，固為國家行政（憲107），其由中央立法並執行之或交由地方執行的行政事項（憲108），是為國家的委辦事項，亦為國家行政。

2.**地方行政**：亦稱自治行政或國家間接行政，凡由省、縣立法並執行的行政事項，均為地方行政（憲109、110），其由直轄市或「準用縣之規定」之市的立法並執行的行政事項，亦為地方行政（憲118、128），地方行政仍受國家的監督，故為國家的間接行政。

國家最高司法機關・最高法院・最高行政法院

　　司法院為國家最高司法機關，掌理民事、刑事、行政訴訟之審判，及公務員之懲戒（憲77），由其所屬各級法院及公務員懲戒委員會分別依法行使其職權。司法院院長綜理院務及監督所屬機關（司組8）。

　　最高法院為民事、刑事訴訟審判系統上之最高審判機關，僅在司法法院審級上居於最高地位，為司法院之直隸機關，我國法院審級分為三級，即地方法院、高等法院及最高法院。最高法院管轄事件，為：「(1)不服高等法院及其分院第一審判決而上訴之刑事訴訟案件；(2)不服高等法院及其分院第二審判決而上訴之民事、刑事訴訟案件；(3)不服高等法院及其分院裁定而抗告之案件；(4)非常上訴案件；(5)其他法律規定之訴訟案件。」最高法院置院長一人，特任，綜理全院行政事務，並兼任法官，仍受司法院院長司法行政之監督（法組2、48、50、110）。

　　最高行政法院為行政審判系統上之最高審判機關，為司法院之直隸機關。行政法院審判系統分兩級，高等行政法院與最高行政法院。最高行政法院管轄事件，為「(1) 不服高等行政法院裁判而上訴或抗告之事件。(2) 其他依法律規

定由最高行政法院管轄之事件。」最高行政法院置院長一人，特任，綜理全院
行政事務，並任法官，同樣受司法院長司法行政之監督。（行政法院組織法
2、12、13）

管　歐

國家賠償法・冤獄賠償法

國家賠償法為國家對於不法行政事件受害人賠償之一般規定。冤獄賠償法
為國家對於刑事冤獄受害人賠償之特別規定，為貫徹特別法之立法意旨，應優
先於國家賠償法而適用（國賠6）。

管　歐

國會・相當於國會

國會是各國中央立法機關的概稱，一稱議院，又稱議會，有一院制國會及
二院制國會之別。其組織及職權，均於憲法中規定之。

國會為一院制者，以丹麥、西班牙、芬蘭、大韓民國等國是，其中央立法
權，當然是屬於此一院制之國會；國會為二院制者，如美國、法國、義大利、
印度、日本等國稱參議院及眾議院，比利時、挪威等國則稱上議院及下議院。
英國則以國會法（Parliament Act）規定國會以上議院（貴族院）及下議院（平
民院）組織之。採二院制之國會，各院之權力或完全平等，或大體平等，或彼
此極有差別，各國憲法規定互異。

各國國會固有立法權，惟並非以制定法律為限，舉凡預算、戒嚴、政府重
要人員之同意任命、提出彈劾，及國家其他特殊事項，亦恆須經國會議決通
過，而使政府照案執行，因而國會乃為一國中央政治制度最重要之機關，與行
政、司法二權鼎足而立，成為三權分立之憲政體制。

我國憲法係依據　孫中山先生之遺教而制定，於國民大會外，並建立五
院，與三權分立制度本難比擬。國民大會代表全國國民行使政權，立法院為國
家最高立法機關，監察院為國家最高監察機關，均由人民直接間接選舉之代表
或委員所組成。其所分別行使之職權，亦為民主國家國會重要之職權。雖其職
權行使之方式，如每年定期集會、多數開議、多數決議等，不盡與各民主國家

國會相同，但就憲法上之地位及職權之性質而言，應認國民大會、立法院、監察院共同相當於民主國家之國會（釋76）。

惟監察院已改制為非民意機關（憲增7），已無相當國會性質之可言；我國憲法並無國會一詞，依政權與治權劃分及政權控制治權之原則，國民大會為政權機關，與為治權機關之立法院的職權，彼此有別，不發生雙重國會或單一國會問題，五權憲制無與三權憲制從同或比擬的必要。上述司法院釋字第76號解釋，關於國民大會與立法院共同相當於民主國家已國會部分，是否妥適，不無存疑之餘地；但現已無國民大會之設置。

管　歐

國際公法・國際私法

1. **國際公法**：恆簡稱為國際法，乃一般國際社會所公認的法則，因其所規律的事項，為公法性質，故稱為國際公法，有平時國際公法及戰時國際公法之分，前者如平時各國交換使節，國際禮節等事項屬之；後者如在戰時俘虜的處理，交戰國與中立國的關係等事項屬之。
2. **國際私法**：雖冠有「國際」二字，實為國內法，且為國內私法，因國際私法，乃係以本國主權的立場，對於不同國籍的外國人相互間所發生的私法上權利義務事件，而確定其所應適用何國的法律，此與規定國內人民私法權義的民法，其性質相同，故稱為國際私法，如我國現行的涉外民事法律適用法，其性質即為國際私法。

管　歐

國徽・國旗

國徽為一國之徽識，國旗為一國之旗幟，均為代表國家之象徵，具有莊嚴尊榮之意識，二者之性質及作用，原屬相同，惟憲法規定：「中華民國國旗定為紅地，左上角青天白日」（憲6），對國徽並無規定；中華民國國徽國旗法則規定：「中華民國之國徽，定為青天白日」，及國旗「長方形之青天中置國徽上之白日青圈」（國徽旗2、4③），關於製造及管理，均以國徽國旗並稱，但對國旗之使用，規定甚詳，對國徽之如何使用，則未及之，因而國徽較

國旗，具體而微，其使用亦不如國旗之嚴謹。

管　歐

國體・政體

國體乃指國家所由建立的根本體制，以主權的歸屬為國體分類的標準，主權屬於君主者為君主國體；主權屬於少數人者為貴族國體；主權屬於全體國民者，為民主國體。

政體乃指國家，在政治上所建立的重要體制，以主權的行使有無限制，為政體分類的標準，主權的行使，不受法律的限制者，為專制政體或獨裁政體，主權之行使，受憲法之限制者，為立憲政體。

「中華民國基於三民主義，為民有、民治、民享之民主共和國」（憲1），「中華民國之主權屬於國民全體」（憲2），所以我國就國體言，為民主共和國；就政體言，為立憲政體。

賴源河

基本條款・特約條款

基本條款，為保險法所規定為保險契約應記載之事項。特約條款即為當事人於保險契約之基本條款外，承認應行特種義務之條款，依保險法第55條所規定之基本條款有如下幾項：(1)當事人之姓名及住所，(2)保險之標的物，(3)保險事故之種類，(4)保險責任開始之日時及保險期間，(5)保險金額，(6)保險費，(7)無效及失權之原因，(8)訂約之年、月、日。

至於特約條款之內容，保險法並無明文規定，凡是與保險契約有關的一切事項，不問過去、現在或將來，均得以特約條款規定之（保67），然特約條款不得違背保險法之強制規定，除了有利於被保險人外（保54）。至於特約條款之效力，可分為：(1)積極效力：特約條款，一旦經約定，記載於保險契約後，當事人應予遵守，如當事人之一方違背條款時，他方得解除契約，其危險發生後亦同（保68），但自保險人知有解除之原因後，經過一個月不行使，其解除契約權即消滅，或契約訂立後經過二年，縱有解除之原因，亦不得解除契約（保68）。(2)消極效力：如果特約條款所約定之事項，於未屆履行期前危

險已發生，或其履行為不可能，或在訂約地為不合法而未履行者，保險契約不因之而失效（保69），亦即因不可歸責於一方當事人的事由而履行不能時，他方當事人不能以未履行特約條款為理由而解除契約。

管　歐

基準法・附屬法

法律得分為基準法及附屬法，乃以法律所規定事項是否綜合性抑局部性為分類的標準。基準法指關於某類事項為綜合性或基本性規定的法律，又稱為基本法或準據法，如關於民事訴訟事件的民事訴訟法，關於警察事件的警察法是。

附屬法指關於某類事項為局部性或附屬性規定的法律，如關於民事訴訟事件的強制執行法；關於警察事件的警察勤務條例、警械使用條例是。

基準法與附屬法乃並行不悖，此與特別法排斥普通法而優先適用者不同，又附屬法並非必須根據基準法而產生，此與子法與母法有淵源的關係者亦有別。

管　歐

專利權・專屬權

1.**專利權**：依專利法之規定，為鼓勵、保護、利用發明與創作，以促進產業發展，經權責機關審查後，給許其專有獨占之利益，謂為專利權。專利之種類分為三種（專利2、19、20、97、98、106、107）。

2.**發明專利**：稱發明者，謂利用自然法則之技術思想之高度創作，凡可供產業上利用之發明，無不得專利之情事者，得申請取得發明專利。

3.**新型專利**：稱新型者，謂對物品之形狀、構造或裝置之創作或改良，凡可供產業上利用之新型，無不得專利之情事者，得申請取得新型專利。

4.**新式樣專利**：稱新式樣者，謂對物品之形狀、花紋、色彩或其結合之創作，凡新式樣無不得專利之情事者，得申請取得新式樣專利。

5.**專屬權**：專屬於特定人之權利，不得扣押、讓與或供擔保（公休14、公撫13），得謂為專屬權。

管 歐

專權・專利權

專權是政治問題，指總攬政治上之權利，恣意獨行，形成專制政治、獨裁政治或極權政治。

專利權是法律問題，指依專利法之規定，取得發明專利、新型專利或新式樣專利，而有獨占的利益。

管 歐

強行法・任意法

法律得分為強行法與任意法，乃以法律效力的強弱為區別的標準，強行法乃是法律所規定的事項，有必須切實遵守的效力，而無私人自由意思選擇的餘地，例如刑法、行政法等屬於公法性質的法律，多屬強行法，其中又得分為命令法與禁止法：(1)命令法是強制為某種行為的法律，如兵役法及各種稅法是；(2)禁止法是禁止為某種行為，如刑法是。

任意法乃是法律所規定之事項，私人可自由選擇於其間，而不必一定適用其規定，民法、商事法等私法性質的法律屬之，任意法又得分為補充法與解釋法：(1)補充法乃補充當事人意思欠缺的法律，以完成其法律關係的效力，例如夫妻關於財產之所有，未訂有特別契約時，應適用法定財產制（民1017、1018、1018之1、1020之1、1022、1023，1030之1至之4），即是夫妻財產制的補充法。(2)解釋法乃解釋當事人意思的法律，例如關於買受物的價金之交付，當事人未有規定時，其價金應於標的物的交付處所交付之（民371），是即關於價金交付處所的解釋法。

強行法與任意法區別的作用，在法律效果的不同，違反強制法之規定者，其行為有無效者，有予以處罰者，若違反任意法之規定，如當事人無異議時，其行為仍屬有效。

蔡墩銘

強盜・準強盜

均指財產犯罪之行為人對於被害人為強暴脅迫之實施。(1)強盜,謂意圖為自己或第三人不法之所有,以強暴、脅迫、藥劑、催眠術或他法,至使被害人不能抗拒而取其物或使其為物之交付(刑328、330、331、332)。(2)準強盜,謂竊盜或搶奪,因防護贓物、脫免逮捕或湮滅罪證,而當場施以強暴、脅迫(刑329)。

蔡墩銘

強盜・搶奪

均指以不法腕力掠取他人之財物。

1. **強盜**:謂意圖為自己或第三人不法之所有,以強暴、脅迫、藥劑、催眠術或他法,至使不能抗拒,而取他人之物或使其交付,或得財產上不法之利益或使第三人得之(刑328、329、330、332)。

2. **搶奪**:謂意圖為自己或第三人不法之所有,乘人不備或不及抗拒之際,以不法腕力公然奪取他人之動產。搶奪與強盜不同者,有五:(1)其以公然為之,(2)其不採取妨害自由之方法,(3)其並未導致被害人達於不能抗拒之程度,(4)其取所得者以動產為限,(5)其非使人交付動產,而自取之(刑325、326)。

蔡墩銘

現行犯・準現行犯

均指不問何人得逕行逮捕之犯人。

1. **現行犯**:謂犯罪在實施中或實施後即時發覺者(刑訴88 II)。

2. **準現行犯**:謂雖非犯罪在實施中或實施後即時發覺者,但有下列情形之一者,以現行犯論:(1)被追呼為犯罪人者。(2)因持有兇器、贓物或其他物件或於身體、衣服等處露有犯罪痕跡,顯可疑為犯罪人者(刑訴88 III)。

蔡墩銘

現行犯逮捕・緊急逮捕

均指不需要拘票之逮捕。

1.**現行犯逮捕**：謂對於刑事訴訟法第88條所定的現行犯或準現行犯，不問何人，均得逕行逮捕之（刑訴88、92）。

2.**緊急逮捕**：謂檢察官、司法警察官或司法警察偵查犯罪，有下列情形之一而情況急迫者，得逕行拘提：(1)因現行犯之供述，且有事實足認為共犯嫌疑重大者。(2)在執行或在押中之脫逃者。(3)有事實足認為犯罪嫌疑重大，經被盤查而逃逸者。但所犯顯係最重本刑為一年以下有期徒刑、拘役或專科罰金之罪者，不在此限。(4)所犯為死刑、無期徒刑或最輕本刑為五年以上有期徒刑之罪，嫌疑重大，有事實足認為有逃亡之虞者（刑訴88-1）。

賴源河

票據偽造・票據變造

票據偽造和票據變造，用語雖相似，但內容卻不相同，前者指以行使為目的，假冒他人名義，而為票據行為而言，如盜用他人圖章或偽造他人圖章、簽名而為發票、背書、承兌或保證等行為，而後者則指無變更票據文義權限之人，擅自變更票據上所記載的事項而言，例如變更到期日，惟票據之變更，限於簽名以外的票據上記載事項，如為簽名之變更，則屬前者之範圍。

至其效力也有所不同，票據在外觀上雖有被偽造人的簽名，但實非其所自簽，自不負票據上之責任，但真正簽名於票據之人，仍應負票據上責任（票15），換言之，縱使有發票的偽造或票據上的簽名的偽造，不論其真正簽名之人係在偽造簽名之先或後，均仍就票據文義負責，且得就該票據繼續為各種有效之票據行為。

票據經變造者，票據仍屬有效。凡簽名在變造前者，依原有文義負責，簽名在變造後者，依變造文義負責，如果不能辨別簽名是在變造之前後時，推定其簽名在變造之前（票16Ⅰ），如對票據之變造，參與或同意者，不論簽名在變造前或變造後，均應依變造文義負責（票16Ⅱ），變造人如已在票據上簽名時，依變造文義負責，如未於票據上簽名時，則不必負票據責任，但可構成刑

事責任（刑201）及民事責任（民184）。

賴源河

票據關係‧非票據關係

本於票據本身所生的法律關係為票據關係；非由票據本身所生，但與票據有密切的法律關係者，則為非票據關係，後者之內容又可分為：

1.**票據法上之非票據關係**：非票據關係基於票據法的規定而生者，稱為票據法上的非票據關係。如利益償還請求權（票22Ⅳ），匯票執票人發行複本請求權（票114），交還複本請求權（票117），交還謄本請求權（票119），付款人交出票據請求權（票74、124、144）等。

2.**非票據法上的非票據關係**：非票據關係，非基於票據法，而係基於其他法律（如民法）的規定而生者，稱為非票據法上的非票據關係，可分為三種：(1)票據原因，(2)票據預約，(3)票據資金。此三者總稱為票據的實質關係，亦即與票據有關聯的民事上關係。

賴源河

票據權利原始取得‧票據權利繼受取得

上述兩者為票據權利取得的方法，前者係自無處分權之人受讓票據，且於受讓當時並無惡意或重大過失，而取得票據權利之情形。後者係指自有正當處分權人，依背書或交付程序而受讓票據，因而享有票據之權利者。

原始取得其方式有二：

1.**發票**：票據上權利因發票人簽發票據之行為而發生，基於相對人之發票而取得票據上之權利者，為原始取得。

2.**善意取得**：關於票據法上之善意取得，乃就「以惡意或有重大過失取得票據者，不得享有票據上之權利」（票14Ⅰ）之此一規定，反面解釋而得，故善意取得須符合下列要件：(1)須依票據法規定的轉讓方法取得票據，亦即須依法定背書或交付的轉讓方式取得票據，且須信賴其外觀而取得。(2)須由無權利人取得票據；此又可分兩點論之：(a)須已取得票據（即已占有票據），若尚未取得票據，則不生此問題。(b)票據係由無權利人取得，蓋自權利人處取

得票據時,自然取得權利,自無善意取得之適用了。(3)須非因惡意或重大過失取得票據者（票14Ⅰ,反面解釋）。所謂「惡意或重大過失取得票據」,係指明知或可得而知轉讓票據之人,就該票據無權處分而仍予取得者（69臺上1465、70臺上582）。(4)須有相當之對價:若無對價或以不相當之對價取得票據者,不得享有優於其前手的權利（票14Ⅱ）。(5)匯票及本票須在到期日前取得,否則到期日後之背書僅有通常債權轉讓的效力（票41）,自不發生票據善意取得之問題。

善意取得因是原始取得,故無論原執票人喪失票據的原因如何,均不得向取得人請求返還,票據上如設有負擔,亦歸於消滅。

繼受取得其方式有:

(1)**轉讓**,票據權利的取得以此種原因為多,其方法或以背書為之,或以交付為之。

(2)另外有法定方式者,如繼承、公司合併、轉付命令等。又票據保證人因清償（票64）,參加付款人因付款（票84）,被追索人因償還（票96Ⅳ）,亦可取得票據之權利。

賴源河

通常海損・非常海損

廣義的海損,依其發生原因之不同,可分為通常海損及非常海損,所謂通常海損乃航海上基於通常之原因所生之損害,如船舶之折舊、入港稅等屬之,此種海損由船舶所有人負擔,在法律上自不成問題,而非常海損,乃航海上基於非常原因所生之損害,又可分為:單獨海損、共同海損兩種:

1.**單獨海損**:所謂單獨海損者,凡因海難或其他事變所發生之損害,其程度未達全損,且限於船舶、貨物等一方單獨產生的損害及費用稱為「單獨海損」。

2.**共同海損**:所謂共同海損者,係指在海難中,船長為避免船舶及貨載的共同危險所為之處分,而直接發生之損害及費用（海110）,稱為共同海損。析言之,欲成立共同海損須有如下要件:(1)須為「現實的危險」,(2)須為船貨的「共同危險」,(3)須為船長的「故意處分」,(4)須有損害及費用,(5)船舶與貨載須有所保存,共同海損之存在理由係基於船舶與貨載在海上特殊

環境中，一旦遇有急切的危險，而犧牲船舶或貨載的一部分，用以保存他部分財產時，為公平計，法律上不能令被犧牲財產的所有人獨自負擔，而應由被保存財產的所有人予以分擔，故共同海損制度可以說是船舶在航行中遭遇共同危險時，為避免全部的損失而作部分的犧牲，由利益獲得保全者，分擔犧牲者損失之制度。

蔡墩銘

通緝・協尋

均指對於逃亡或藏匿被告之搜捕。(1)通緝，謂法院或檢察官以公告週知之方法，通知附近或各處之檢察官及司法警察機關，對於逃亡或藏匿之被告，一體協同拘捕（刑訴84、85、86、87）。(2)協尋，謂依少年事件處理法之規定，少年行蹤不明者，少年法庭得通知各地少年法庭、檢察官、司法警察機關協尋之。但不得公告或登載報紙或以其他方法公開之（少23-1）。

劉得寬

副本・複本

二者皆為同一內容於同時複數作成之文書。

1.**副本**：為對應於正本，為本來之目的以外使用而作成之文書。

2.**複本**：與原本無甚不同，在效力上亦無差異，在各份相互間並無正副主從之關係。「匯票之受款人，得自負擔其費用，請求發票人發行複本。但受款人以外之執票人，請求發行複本時，須依次經由其前手請求之，並由其前手在各複本上，為同樣之背書。前項複本以三份為限」（票114Ⅰ、Ⅱ）。「複本應記載同一文句，標明複本字樣，並編列號數，未經標明複本字樣，並編列號數者，視為獨立之匯票」（票115）。又與此不同之謄本，其乃是就既已存在之原本，加以謄寫之文書，其效用較複本相去甚遠。「執票人有作成匯票謄本之權利。謄本應標明謄本字樣，謄寫原本上之一切事項，並註明迄於何處為謄寫部分。執票人就匯票作成謄本時，應將已作成謄本之旨，記載於原本。背書及保證，亦得在謄本上為之，與原本上所為之背書及保證有同一效力」（票118）。

管 歐

副署・連署

1. **副署**：指在主要人員署名之旁，附帶簽名以示負責，其地位有主從之別。機關公文依法應副署者，由副署人副署之（公文3 II），總統依法公布法律，發布命令，須經行政院院長之副署，或行政院院長及有關部會首長之副署（憲37）。
2. **連署**：指聯合簽名於同一文書之上，以示共同負責，其地位彼此相等。如立法院會議時之修正動議，書面提出者，須有十人以上之連署（立法院議事規則11）。

陳榮宗

執行名義・判決確定證明書

　　執行名義係確定債權人債權存在之範圍，並經由法律賦予執行力，債權人得據以請求執行機關實施強制執行之公文書。除確定之判決外，尚包括法律所規定之多種執行名義（強執4 I ①至⑥）。判決確定證明書係證明判決確定之文書，一般由第一審法院付與之，但卷宗在上級法院者，由上級法院付與之（民訴399）。債權人依確定之終局判決聲請強制執行者，應提出判決正本並判決確定證明書或各審級之判決正本（強制6 I ①）。

蔡墩銘

執行罰・秩序罰・懲戒罰

　　均指國家或公共團體對於國民所科處之行政處分。(1)執行罰，謂為強制行政上義務之執行，對其處罰予以預告，而對於違反者執行其所預告之處罰（行執4、5、6、7）。(2)秩序罰，謂為法律秩序而對於違反法令者所科處之制裁（社維19、21、52、53、54，交通管理罰例13、14、15、16，空氣污染14、15、16、17、18、19，法組91）。(3)懲戒罰，謂為維持具有特定身分關係者之規律，而對其義務違反所科處之制裁（律44，會計師39、40，建築師45、46，醫師29，獸醫師32、33、34，藥師22、23、24）。

蔡墩銘

參加人‧輔助參加人‧主參加人

就他人間之訴訟，訴訟參加者，是廣義之參加人。輔助參加人（亦稱從參加人），係就他人間訴訟之結果有法律上利害關係者，為輔助一造起見，而為參加之人（民訴58）。主參加人乃指就他人間之訴訟標的全部或一部，為自己有所請求或主張因其訴訟之結果，自己之權利將被侵害，而以該訴訟之兩造為共同被告，加以起訴之人。主參加人為本訴之當事人，輔助參加人中作為當事人參加之場合有承當參加（民訴64）、共同訴訟參加（亦稱獨立之從參加）（民訴62）。

賴源河

參加承兌‧參加付款

參加承兌與參加付款其目的皆在防止追索權之行使，藉以挽救票據之信用，然兩者仍有所不同，前者乃由參加承兌人就票上金額為附條件支付的承擔，其得參加承兌者，則限於票據債務人以外之人，但後者乃由參加人就票上金額，為現實的支付，除承兌人外，任何人均得為之。

至於其效力，兩者亦有所不同：

1.**參加承兌**

(1)**對執票人之效力**：執票人允許參加承兌後，不得於到期日前行使追索權（票56 I），也由此點，參加承兌有阻止追索權期前行使之作用。

(2)**對參加承兌人之效力**：參加承兌人應負第二次責任，亦即償還責任，申言之，付款人或擔當付款人，經執票人為付款的提示，不於到期日或其後二日為付款，或付款經執票人之同意延期而不於所展延的期限內付款者，參加承兌人應負支付匯票金額、利息及作成拒絕證書及其他必要費用的責任。

(3)**對被參加人及其前手之效力**：被參加人及其前手，得免期前追索，但仍得於參加承兌後，向執票人清償，請求交出匯票及拒絕證書（票56 II），以免將來費用之擴大。

(4)**對被參加人的後手之效力**：被參加人的後手得免期前追索，如參加承兌

人於匯票到期時付款，得免除責任（票79Ⅰ），否則仍不得免責。

2.**參加付款**

(1)**對執票人之效力**：執票人不得拒絕參加付款，否則對被參加人及其後手，喪失追索權（票78Ⅱ），參加付款後，執票人應將匯票及收款清單交付參加付款人，有拒絕證書者，應一併交付（票83Ⅰ）。違反此規定者，對於參加付款人，應負損害賠償之責（票83Ⅱ）。

(2)**對參加付款人之效力**：參加付款人對於承兌人、被參加付款人及其前手，取得執票人的權利，亦即取得付款請求權及追索權兩者而言，但不得以背書更為轉讓，亦即無背書權。

(3)**對被參加人後手的效力**：被參加付款人的後手，因參加付款而免除債務（票84Ⅱ）。

管　歐

第一次的行政行為・第二次的行政行為

行政行為得分為第一次的行政行為與第二次的行政行為，乃以行政行為是否設立新的法律關係為準，前者是設立新的法律關係，致使權利義務發生得喪變更的效果，通常的行政行為，均屬於此；後者並非新設立法律關係，乃以既存的權利義務為基礎，以實現其效果，例如對於人民權利的取得，而予以註冊；對於人民義務的違反，而強制其履行。

管　歐

許可・認可

現行法令對於許可與認可的用語，並無明確的區別，實則二者的觀念不同。

1.許可是有權機關對於原所禁止事件的解除，其效果在恢復固有的自由，因而，有稱之為解除禁止的處分；認可是有權機關對於他人所為法律行為的同意，其效果在完成法律行為的效力。因而，有稱之為同意的處分。

2.許可是須經有權機關的許可行為，以為其適法要件，若未受許可而為

之，其行為是禁止事件的違反，應受處罰，認可乃是須經有權機關的認可行為，以為其有效要件，若未受認可而為之，其行為並非違法，而應制裁，僅不發生法律的效力而已。

陳榮宗

假扣押‧假處分‧假執行

假扣押係債權人就金錢請求或得易為金錢請求之請求，因日後有不能強制執行或甚難執行之虞，為保全強制執行，乃聲請法院為假扣押，禁止債務人處分其財產（民訴522）。假處分係債權人就金錢請求以外之請求，為保全強制執行，聲請法院禁止債務人將請求之標的物或有爭執之法律關係之現狀變更（民訴532）。二者於本案繫屬中或未繫屬前，均得為之，且不待確定，即可據以執行。假執行係就未確定之判決，賦予執行力，惟其先為強制執行，以防止敗訴之當事人藉上訴拖延訴訟，阻礙私權之迅速實現。就未確定而得實施強制執行者，固與假扣押、假處分同，然其目的不在保全強制執行，故並非如前者僅就目的財產實施查封而已，而係實施與終局執行相同之執行程序。又假扣押、假處分之裁定，僅得依債權人之聲請而為之，假執行之裁判，則有依職權為之者，亦有依聲請而為之。

劉得寬

混同‧混合

1. **混同**：指法律上相對立之事物同歸屬於一人，原則上其有關之法律關係因而消滅之謂。例如，債權債務同歸於一人時，除該債權為他人權利之標的或法律另有規定外，債之關係消滅（民344）。混同在連帶債權債務及物權方面，亦有所規定（民274、286、193、762、763）。
2. **混合**：多數之固體物混合，或液體物之融和，其各別之所有者，因混合而依其原有動產之價值，共有該混合物，但如有可視為主物者，則主物之所有人取得混合物之所有權（民812、813、1203參照）。對於因混合而喪失權利受有損害者，則可依不當得利之規定，請求償金（民816）。

劉得寬

條件・期限・負擔

皆為限制法律行為效力所附加之附款。

1. **條件**：係以將來成否，在客觀上不確定之事實，決定法律行為效力之發生或消滅之附加限制，如「你今年高考及格，贈你獎學金一萬元」，其附有高考及格之條件，在未及格前，法律行為（贈與）不生效力，其為停止條件，在條件成就時發生效力（民99 I）。另一常見之條件即為解除條件，如「買賣機器時約定，如於一個月內發生故障，即不購買」，在條件成就時（發生故障），法律行為失其效力（買賣）（民99 II）。

2. **期限**：是以將來確定發生之事實，決定法律行為效力之發生或消滅之附加限制，其與條件不同者，在於所附加限制之事實，為將來確定發生者。期限可分始期與終期，前者如「明年十月十日，送你鋼筆一支」，在期限屆至時，法律行為發生效力（民102 I），後者如「約定承租人死亡時，租賃契約當然終止者」，在承租人死亡時，法律行為失其效力（民102 II、36院解3489參照）。

3. **負擔**：指負履行一定之義務而限制法律行為效力之謂。「贈與附有負擔者，如贈與人已為給付，而受贈人不履行其負擔時，贈與人得請求受贈人履行其負擔，或撤銷贈與」（民412 I）。「遺贈附有義務者，受遺贈人，以其所受利益為限，負履行之責」（民1205），負擔亦為對法律行為內容之限制，但與條件、期限無相同性質，有其自有之內容，不適用條件、期限之規定。

蔡墩銘

貪污・瀆職

均表示公務員之違法失職行為，尤其指公務員（或仲裁人）關於其職務而要求、期約或收受賄賂之行為。(1)貪污，係處罰公務員瀆職之特別刑法，即貪污治罪條例之用語（貪罪 13、14）。(2)瀆職，係公務員因違背義務、濫用職權或收受賄賂而成立之犯罪，可見瀆職之範圍較諸貪污為廣。

賴源河

救助・撈救

　　救助、撈救兩者皆為海難救助，即救助與撈救合稱為海難救助。所謂救助者，乃船舶或貨載尚未脫離其船長海員的占有，而由第三人加以協助，致得救濟。撈救者，乃船舶或貨載已經脫離船長海員的占有，行將沈沒或漂流，而由第三人加以協助，致得救濟。我國海商法也規定有船長之救助義務，又可分為一般的海難救助及船舶碰撞的海難救助。一般的海難救助中，船長於不甚危害其船舶、海員、旅客的範圍內，對於淹沒或其他危難的人應盡力救助（海102）。而在船舶碰撞後，各碰撞船舶的船長，於不甚危害其船舶、海員或旅客的範圍內，對於他船舶船長、海員及旅客，應盡力救助（海109 I）。各該船長，除有不可抗力的情形外，在未確知繼續救助為無益前，應停留於發生災難的處所（海109 II）。各該船長應於可能範圍內，將其船舶名稱及船籍港並開來及開往的處所，通知於他船舶（海109 III）。

　　至於對人救助及對物救助其效果亦有差異：

1. 對人救助，乃履行道德上義務，原則上無報酬請求權，惟於實行施救中救人者，對於船舶及財物的救助報酬金，有參加分配之權（海107），作為對人救助的獎勵。

2. 對物救助，為狹義之海難救助，施救者與被救者間發生私法上關係，其性質，依通說為無因管理，僅在報酬請求權上與一般無因管理不同。其對船舶或船舶上所有財物，施以救助或撈救而有效果者，得按其效果請求相當之報酬（海103 I）。

管　歐

部長・委員長・主任委員

　　部長、委員長及主任委員，均為行政機關首長的職稱，部的首長稱部長，為獨任制，委員會的首長稱委員長或主任委員，實為合議制或為獨任與合議的混合制，就行政院組織的體制言之，其所屬內政、外交、國防、財政、教育、法務、經濟、交通八部的首長稱部長，蒙藏、僑務兩委員會的首長稱委員長，各該部會首長，同時均為行政院政務委員。

其他隸屬於行政院的各委員會，如研究發展考核委員會、青年輔導委員會，原子能委員會、國家科學委員會、農業委員會、文化建設委員會、經濟建設委員會、中央選舉委員會及國軍退除役官兵輔導委員會等委員會的首長，均概稱為主任委員，並非同時須具有行政院政務委員的身分。

劉得寬

推定‧視為

在事實之法律關係不明瞭時，法律將之以一定之狀態作為判斷者，是為「推定」。例如「占有人，推定其為以所有之意思，善意、和平、公然及無過失占有者。經證明前後兩時為占有者，推定前後兩時之間，繼續占有」（民944）。「受死亡宣告者，以判決內所確定死亡之時，推定其為死亡」（民9）。如事物及其性質有異於其他事物，就一定之法律關係，以同一之法律處理者，是為「視為」。例如「胎兒以將來非死產者為限，關於其個人利益之保護，視為既已出生」（民7）。「委任關係消滅之事由，係由當事人之一方發生者，於他方知其事由，或可得而知其事由前，委任關係視為存續」（民552）。「推定」之情形，當事人間如另有相反之證據時，則得推翻之。而「視為」之情形，則不許有反證，其法律關係限於依法令之規定處理。

劉得寬

婚姻之撤銷‧離婚

二者之共通點，乃皆在於使婚姻之效力向將來消滅，惟其原因則以是否在婚姻成立時即具有之瑕疵，抑或基於婚姻成立後之事由而有不同。

1.**婚姻之撤銷**：民法上結婚如不具備第982條之方式，或違反近親結婚限制者或重婚者，其婚姻為無效（民988），而除此之外，如婚姻之成立是因違反結婚年齡、法定代理人同意、監護人與受監護人結婚禁止之規定、相姦者結婚、再婚期間，及一方不能人道、一方結婚時是在精神錯亂中者、被詐欺脅迫而結婚者，則皆可依法予以撤銷，否定婚姻之效力，惟婚姻效力之消滅，僅向將來消滅，不溯及既往（民989至991，995至998）。如因婚姻之撤銷而受有損害者，可向有過失之他方請求賠償（民999）。

2.**離婚**：為基於有效之婚姻成立後發生之事由，而解除婚姻之謂。夫妻婚後常因種種因素而難以繼續婚姻關係，故准其得解除其婚姻。民法上之離婚，可分為兩願離婚及裁判離婚，兩願離婚為基於雙方之合意，須以書面為之，並有二人以上證人之簽名並應向戶政機關為離婚之登記（民1049、1050）；裁判離婚則基於民法規定之事由，始得向法院請求離婚（民1052參照）夫妻判決離婚後，同樣有損害賠償問題（民1056），而且如有一方陷於生活困難者，另有贍養費問題（民1057）。

蔡墩銘

教唆・挑唆・煽惑

　　均指唆使他人實施行為，即：(1)教唆，謂引起他人為實施一定犯罪之決意，其教唆之手段方法別無限制，無論明示、默示、言語、書面或直接面對面或間接透過他人為之，皆無不可（刑29、275、282，少85）。(2)挑唆，謂挑撥唆使，如他人本無興訟之意，使其興訟者是（刑157）。(3)煽惑，謂煽動蠱惑，使之依照其所說的行為而為之，此乃對於不特定人實施，且公然為之，且不以使被煽惑者生犯罪決心或實施犯罪為必要，故與教唆不同（刑107、153、155）。

陳榮宗

移送・移轉・送達・移交・送交

　　移送一語，係指訴訟之移送言，訴訟繫屬中，因法院之裁定，使其繫屬移轉於他法院。移送之原因，民訴與刑訴之規定不同，且刑訴法條之用語為「移轉」（民訴28、刑訴10），然皆指訴訟繫屬，由某法院移轉於他法院。送達係由法院書記官依照法律所規定之方式，將訴訟上之文書，通知於當事人或訴訟關係人之行為。將物品交由某人，在法條上係用「移交」（破152）或「送交」（刑訴152）或「交付」（民761），但將逮捕之現行犯交由司法警察，法條用語上亦有用「送交」者（刑訴92 I）。

寄託・提存

皆是寄存一定之物之謂。

1.**寄託**：為民法上所規定，約定為當事人之一方（寄託人）保管一定之物（寄託物）之契約（民589至612），保管寄託物者為「受寄人」。通常之寄託契約，受寄人於保管寄託物後，負返還該物之責任，而在「消費寄託」，則受寄人於消費寄託物後，僅以種類、品質、數量相同之物返還即可（民602）。民法上之倉庫，為另一形態之寄託，其為受報酬而為他人堆藏及保管物品營業，經營此類營業之人為倉庫營業人（民613）。倉庫除其自有之規定外，另可準用寄託之規定（民614）。

2.**提存**：並為寄託之一種，為將金錢、有價證券或其他之物寄存於提存所之謂。須為提存之情形，民法及其他法律有所規定。例如在債權人受領遲延，或不能確知孰為債權人而難為給付時，清償人得將其給付物，為債權人提存之（民326）。提存後，對於給付物之危險負擔則移由債權人負擔（民328）。又如強制執行參與分配時之提存，假扣押執行收取之金錢及分配金額提存（強133），破產債權分配金額之提存（破140、141、144），徵收土地之補償費或遷移費之提存（土237、244），照價收買土地之地價或補償費之提存（均28 I ③）等是。提存物則依提存法規定，以金錢、有價證券或其他動產，以及訴訟擔保金或擔保物為限（提6）。

虛偽・不實

均指違反真實之情形。(1)虛偽，謂陳述之內容違反客觀之事實而故意為之（民87，公9、87、145、285、300、313，刑168、255）。(2)不實，謂不符合事實，多用於記載於文書之情形（刑213、214、215）。

蔡墩銘

偽造・變造・仿造

均係未授權之人製作虛偽之文書、商標、貨幣及有價證券之行為。(1)偽造，謂無製作權人之製造相類似之物（刑171、195、196、199、200、201、202、203、204、210、211、212、216、217、218、219、253、254）。(2)變造，謂無製作權人就真正之物予以改變其內容而未達於完全更新其意義之行為（刑171、195、196、199、200、201、202、203、204、210、211、212、216）。(3)仿造，謂無製作權人製造相類似之物（商標）（刑254）。

蔡墩銘

牽連犯・相牽連案件

1. **牽連犯**：謂犯一罪而其方法或結果之行為犯他罪名者，目前刑法已刪除牽連犯之規定。
2. **相牽連案件**：謂多數之刑事案件有相互之關連，為兼謀公私之便，特別予以變通，合併由一個法院審判。依刑事訴訟法之規定，下列情形之一屬於相牽連之案件：(1)一人犯數罪者。(2)數人共犯一罪或數罪者。(3)數人同時在同一處所各別犯罪者。(4)犯與本罪有關係之藏匿人犯、湮滅證據、偽證、贓物各罪者（刑訴6、7）。

賴源河

船舶優先權・船舶抵押權

船舶優先權，係指船舶一定的債權，其債權人就該船舶及其收益有優先受償之權，優先權為法定擔保物權，依法律規定而發生，當事人不必有明示約定，亦不以占有或登記為要件，而船舶抵押權，為對於債務人或第三人不移轉占有，而供擔保的船舶，除海商法另有規定外，得就其賣得價金，優先受償的權利，兩者主要之區別如下：

1. 船舶優先權為法定擔保物權，依法律規定而發生，當事人不必有明示約定，故海商法第24條第1項明文規定優先權之項目。但船舶抵押權應由

當事人之意思合致而設定，且應以書面為之。

2.船舶優先權不必登記，但船舶抵押權非經登記不得對抗第三人，此之登記非如民法抵押權之設定般為生效要件，而是對抗要件。

3.船舶優先權之標的，海商法第27條規定之標的物如下：(1)船舶、船舶設備及屬具或其殘餘物，(2)在發生優先債權的航行期內的運費，(3)船舶所有人因本次航行中船舶所受損害，或運費損失應得的賠償，(4)船舶所有人因共同海損應得的賠償，(5)船舶所有人在航行完成前，為施行救助或撈救所應得之報酬。但船舶抵押權其標的為船舶及建造中船舶，故優先權其範圍應比抵押權大。

二者效力之優劣：

優先權與抵押權競合時，其效力為何，依海商法第24條第1項第1款至第5款之規定中，船舶優先權與船舶抵押權競合時，船舶優先權的位次在船舶抵押權之前，即此類優先權債權較其他附有抵押權之債權優先受償，但託運人所負的損害賠償優先債權因不在列舉之列，則其位次應在船舶抵押權之後，但另有不同見解，有主張與抵押權不分先後比例受償者；有主張應依其發生先後定其位次者。

責問權・發問權

陳榮宗

責問權係當事人對於法院或對造之訴訟行為，違背訴訟程序之規定時，得提出異議主張無效之權能，但表示無異議或知其違背或可知其違背，並無異議而為本案辯論者，則生責問權之捨棄、喪失（民訴197Ⅰ）。於辯論時，當事者一方之事實上及法律上主張，審判長之發問尚未完足者，當事人得聲請審判長為必要之發問，此權能稱為「發問權」（民訴200Ⅰ）。

規程・規則・細則・辦法・綱要・標準・準則

管歐

各機關發布之命令，得依其性質，稱規程、規則、細則、辦法、綱要、標

準或準則（法規標準3），此等命令，得概稱為規章，各機關基於職權均得發布之，惟其定名之標準如何，法未明定，就慣例言之，大抵是（參照行政院頒發行政機關法制作業應注意事項）：

(1)**規程**：關於規定機關組織，處務準據者稱之。

(2)**規則**：關於規定應行遵守或應行興辦之事項者稱之。

(3)**細則**：關於規定法規之施行或就法規另作補充釋示者稱之。

(4)**辦法**：關於規定辦理事務之方法，時限或權責者稱之。

(5)**綱要**：關於規定事務之一般原則或要項者稱之。

(6)**標準**：關於規定事務一定程度，規格或條件者稱之。

(7)**準則**：關於規定事務作為之準據，範式或程式者稱之。

管　歐

常會‧臨時會

各機關舉行之會議，恆有常會及臨時會之別。常會指各機關在特定日期經常召開之會議，臨時會指因特別情事所召開不定期之會議，如：

立法院會期，每年兩次，自行集會，第一次自二月至五月底，第二次自九月至十二月底，必要時得延長之（憲68），是為常會；立法院遇有：(1)總統之咨請，或(2)立法委員四分之一以上之請求，得開臨時會（憲69）。

行政院會議每週舉行一次，是為常會，必要時行政院院長得召開臨時會議；行政院會議法定出席出席人三分之一如認為有召開臨時會議之必要時，得請行政院院長召集之（行政院會議事規則第6條）。

管　歐

視察‧考察

視察與考察，均係指由機關人員為實際上的觀看、查察、評估或研究參辦之意，乃為各機關所常見的事實行為，惟視察恆為監督之一種方法，行使於隸屬機關之間；考察雖須與機關業務有關，但並非以隸屬機關為其對象。

劉得寬

習慣・習慣法

皆是於社會上經反覆行之，而被認為具有拘束力之規範，其大多行於某一地域之一定職業、階層之間。

1.**習慣**：為法律上無規定之事項，經社會上多數人反覆實行，而具有拘束力之行為，惟其並非必須加以遵從，如不遵從，社會之共同生活亦非不能維持者，是為事實上之習慣。

2.**習慣法**：為在社會之許多經眾人實行之習慣中，有達於社會上對之有法的認識及法的確信，認其必須遵從而經國家權力承認具有法效力者。民法第1條所稱之習慣，乃指具有法價值而發生法效力之習慣法而言，其有別於事實之習慣，而為民法之法源，對成文法具有補充效力，甚且於個別場合亦有其優先性，如民法369、372、450Ⅱ、838等。

蔡墩銘

處罰・處斷

均指依刑法科罰。(1)處罰，謂對於犯罪行為依刑法之規定科處其刑罰（刑1、50）。(2)處斷，謂依法處斷（刑9、52、54、55）。

蔡墩銘

冤獄賠償・國家賠償

均指向國家請求之賠償。(1)冤獄賠償，謂依刑事訴訟法令受理之案件，曾受羈押而被不起訴處分或無罪之判決確定，或依再審或非常上訴程序判決無罪確定前，曾受羈押或刑之執行者，受害人得依法請求國家賠償（冤1）。(2)國家賠償，謂公務員於執行職務行使公權力時，因故意或過失不法侵害人民自由或權利時，人民向國家請求賠償（憲24、國賠2）。

蔡墩銘

貨幣・紙幣・銀行券・國幣

均指具有強制通行力之支付手段。

1. **貨幣**：謂由政府所發行具有強制通行力之硬幣，不問其為正幣或輔幣。

2. **紙幣**：謂由政府或其他有發行權之人依其信用所發行具有強制通行力，但不兌換之幣券。

3. **銀行券**：謂政府許可由銀行發行之兌換券。惟外國之通用貨幣，非刑法上之貨幣，不問發行者為外國政府或外國銀行，皆無不同。如予以偽造變造並不構成刑法上偽造變造貨幣罪，應論以偽造有價證券罪（48臺上200）。

4. **國幣**：係指中華民國境內，由中央政府或其授權機構所發行之紙幣或硬幣（妨國幣1）。臺灣光復後臺灣銀行所發行之臺幣，雖經政府核准發行，但因屬於地方銀行所發行者，故臺幣被認為地方性之幣券，倘有偽造之者，成立偽造銀行券，非偽造紙幣。惟自民國50年7月1日由中央銀行委託臺灣銀行發行新臺幣後，新臺幣即具有紙幣性質，而非銀行券。因其已屬於紙幣，是以新臺幣已具有國幣之功能，從而臺灣銀行發行之新臺幣，自中央銀行委託代理發行之日起，如有偽造變造等行為者，亦應依妨害國幣懲治條例論科（51釋99）。

管 歐

商標・商品標示

商標及商品標示，均為使用於商品或其包裝上所表示的標識，惟二者區別甚大：

1. **商標**：凡因表彰自己之商品或服務，確具使用意思，欲專用商標者，應依商標法申請註冊，取得商標專用權，商標所用之文字、圖形、記號、顏色、聲音、立體形狀或其聯合式，應足以使一般商品或服務購買人認識其為表彰商品或服務之標識，並得藉以與他人之商品相區別。（商標2、5）。

2. **商品標示**：商品的標示，指廠商於商品本身、內外包裝，或說明書上，就商品的名稱、內容、用法或其他有關事項所為的表示，並無所謂商品標示權，違反規定者，僅得處罰行政上的罰鍰、停止營業（商品標示4、15、16）。

陰謀・預備・未遂

　　均屬於犯罪尚未達既遂之前階段行為，即陰謀預備為實行著手之前階段行為。

1.**陰謀**：謂二人以上之人為一定之犯罪而實施謀議。

2.**預備**：謂為實現犯罪之準備行為，尚未至於實行著手之情形。關於陰謀與預備之區別，學者之間尚有爭議，但通說的見解認為陰謀先於物的準備行為之預備，故屬於犯罪發展之開始階段。刑法處罰陰謀僅限於內亂罪（刑101）及外患罪（刑103、104、105、106、109、111），但處罰預備除內亂罪（刑100、101）及外患罪（刑103、104、105、106、109、111）外，尚有放火罪（刑173）、殺人罪（刑271、272）、強盜罪（刑328）及擄人勒贖罪刑（刑347）。

3.**未遂**：謂已著手於犯罪行為之實行而不遂之情形，依其原因而分為因意外障礙而不遂之障礙未遂（刑25 I），因其行為不能發生結果又無危險之不能未遂（刑26）及因己意中止或防止其結果發生之中止未遂（刑27）。一切未遂犯之處罰，以有特別規定者為限（刑25 II）。

祭禮・禮拜

　　均指祭祀之行為。(1)祭禮，謂祭祀天神、地祇、人鬼之儀式（刑246）。(2)禮拜，謂對於崇拜或紀念之對象所施表示尊崇意思之敬禮而言，不包括個人神前單純膜拜在內（刑246）。

組織行政・人事行政

　　組織行政指關於機關的設置、裁併，單位的構成，員額的編制，配備等事項，其涵義廣，屬於行政權的範圍。

　　人事行政僅指國家有關用人的行政事項，如關於公務人員的考試、任免、

銓敘、考績、級俸、陞遷、保障、褒獎、撫卹、退休等事項，其涵義狹，屬於考試權的範圍（憲增6），行政院為統籌所屬各機關之人事行政，特設人事行政局，其有關人事考銓業務，並受考試院的監督（行政院人事行政局組織條例1）。

陳榮宗

異議・再審・上訴・抗告

　　就向同一審級法院聲明不服之點而言，異議與上訴有所不同。再審係對確定判決聲明不服，請求撤銷原判決，予以再度審判（民訴496以下，刑訴420以下）。上訴則係對未確定之判決，向上級法院聲明不服，請求廢棄、變更原判決。再審、上訴雖同為對於判決聲明不服之方法，但前者以終局確定判決為對象，後者針對未確定判決，再審之訴須基於法定的再審事由，且通常專屬為判決之原法院管轄，不生移審及阻斷原判決確定之效力；上訴則無法定之上訴事由，且由上級法院管轄，合法之上訴發生移審及阻斷原判決確定之效力。抗告係對於法院之裁定聲明不服之方法，異議乃對於法院或法院推事、書記官、執達員等人員所為之處分聲明不服之方法。

十二劃

管 歐

普通法・特別法

　　法律得分為普通法（一般法）與特別法，乃以法律適用範圍之廣狹為分類之標準，凡就同一事件，同時有二種以上之法律，均有規定，而規定又彼此不同，此時即有普通法與特別法之分，其就同一事件為一般性之規定，適用範圍較廣者為普通法；其為特別性之規定，適用範圍較狹者為特別法。例如，民法就不動產之土地事件係一般性之規定為普通法，土地法就土地事件係特別性之規定為特別法；刑法所規定一般性之罪行為普通法，而陸海空軍刑法、貪污治罪條例、肅清煙毒條例、懲治盜匪條例等法律，就刑法所規定之同一罪行，分別為特別性之規定，均為特別法。

　　普通法與特別法之區別，是相對的，而非絕對的，某一法律原為特別法，但與另一法律相較，又立於普通法之地位，例如土地法本為民法之特別法，但與實施耕者有其田條例相較，則該條例為特別法，土地法為普通法；陸海空軍刑法，本為刑法之特別法，但與戰時軍律相較，則又立於普通法之地位。

　　普通法與特別法區別之作用，在「特別法優於普通法」原則之適用，此即中央法規標準法規定：「法規對其他法規所規定之同一事項而為特別之規定者，應優先適用之。其他法規修正後，仍應優先適用」（法規標準16），特別法優先於普通法而為適用亦得謂其效力優於普通法，在特別法無規定時，始適用普通法之規定，以補充特別法之未周。

管 歐

普通選舉・平等選舉

　　普通選舉與平等選舉，均為選舉之方法（憲129）。

1.**普通選舉**：指凡具有積極資格而無消極資格之公民，無貴賤、貧富、教育、宗教、種族、性別、區域、黨派之限制，均有投票權，普及於一般人民，故

又稱普及選舉，反之，則為限制選舉。

2.**平等選舉**：指每一有選舉權之公民，各僅有一投票權，其投票之效力完全相等。反之，選民因特別資格，一人而有二個以上之投票權，或雖一個投票權，而其效力與他人之投票效力有差別者，則為不平等選舉。

賴源河

普通決議・特別決議

因決議事項之不同為著眼點加以區分，可分為普通決議與特別決議。

1.**普通決議**：股東會之決議，除公司法另有特別之規定外，均以普通決議為之，此種決議，應有代表已發行股份過半數股東之出席，以出席股東表決權過半數之同意即可，另外普通決議，依規定尚可依假決議之方法為之（公175）。

2.**特別決議**：所謂「特別決議」係指公司法第174條第1項所稱「除本法另有規定外」而言，通常特別決議是用於決定特別重大的事項，故其出席股東所代表之股份總數須提高：即原則上應經代表已發行股份總數三分之二以上股東之出席，以出席股東表決權過半數之同意者（此類決議，在公開發行股票之公司若出席股東之股份總數不足上述定額時，得以有代表已發行股份總數過半數之股東出席，出席股東表決權三分之二以上之同意為之，但章程另有較嚴格之規定者，從其規定）。輕度之特別決議，例如下列之事項均屬之：(a)重大營業政策之變更（公185）；(b)董事競業之許可（公209）；(c)股息紅利轉作投資之決議（公240）；(d)公積全部或一部撥充資本之決議（公241）；(e)變更章程之決議（公277）。

賴源河

普通平行線支票・特別平行線支票

上述兩者均屬平行線支票之一，所謂平行線支票者，亦稱橫線支票或劃線支票，係指在支票正面劃平行線二道之支票，支票經在正面劃平行線二道者，付款人僅得對經財政部核准辦理支票存款業之銀行、信用合作社、農會及漁會支付票據金額。平行線支票又因種類之不同可分為普通平行線支票、特別平行

線支票，分述之：

1. **普通平行線支票**：支票僅在正面劃平行線二道者，為普通平行線支票，普通平行線支票的執票人為票據法第4條所謂金融業者，付款人即得對之支付票載金額，否則即應拒絕付款，其經拒絕付款人者，不得據以行使追索權。換言之，一般執票人必須委託經財政部核准辦理支票存款業務的銀行、信用合作社、農會及漁會代為取款。

2. **特別平行線支票**：特別平行線支票不同於普通平行線支票，乃在於在支票正面之平行線內，尚記載特定之財政部核准辦理支票存款業務的銀行、信用合作社、農會、漁會之名稱。而付款僅得對平行線內所記載之特定金融業者付款。

賴源河

普通股・特別股

普通股，即表彰普通股權之股票，而特別股，係指該股份表彰之股東權所具之盈餘分配請求權、剩餘財產分配請求權或表決權等權利內容異於普通股而言，蓋依公司法第157條規定，如公司發行特別股時，應就左列各款於章程中訂立：

1. 特別股分派股息及紅利之順序、定額或定率。
2. 特別股分派公司賸餘財產之順序、定額或定率。
3. 特別股之股東行使表決權之順序、限制或無表決權。
4. 特別股權利、義務之其他事項。故特別股又可細分為：

   (1)**優先股**：係指就公司盈餘或剩餘財產之分配有優先於普通股之股份。故依其優先權之內容又可分為：(a)盈餘分配之優先股；(b)賸餘財產分配之優先股；(c)行使表決權之優先股。

   (2)**劣後股**：凡就公司盈餘或賸餘財產之分配劣於普通股者謂之。

   (3)**混合股**：此種股份其一部分股東權優於普通股，一部分則劣於普通股。

   (4)**表決權股與無表決權股**：股份若以一股有一表決權為基準，則凡一股份有數表決權者，稱為表決權股或複數表決權股，反之，股份而無表決權者，謂之無表決權股。

   另外普通股，原則上公司不得將之收回、收買及設質（公167），但特別

股之收回，公司得以盈餘或發行新股所得之股款收回之（公158），但特別股之收回，不得損害特別股股東按照章程應有之權利。

賴源河

普通清算・特別清算

清算是公司因破產或合併以外之事由解散時，為了結公司之法律關係，或處理其財產而為之程序，通常清算程序分為普通清算與特別清算兩種，前者為一般之清算程序，然於清算進行若發生顯著之障礙或公司負債超過資產有不實之嫌疑時，由法院依職權或特定人聲請可進行特別清算。在股份有限公司普通清算中，清算人之選任原則上以董事充之，但本法章程另有規定或股東會另選者，不在此限，不能依上述規定定清算人時，法院得因利害關係人之聲請，選派清算人（公322），至於其解任，除法院選派之清算人外，得由股東會決議解任之，但法院因監察人或繼續一年以上持有已發行股份總數百分之三以上的股東之聲請，亦得將其解任（公323），在特別清算程序中，關於清算人之選任與解任，大部分與普通清算同，但如有重要事由時，則不論清算人如何產生，法院均得解任之（公337）。

關於清算人職務：

1.**在普通清算中有下列幾項：**(1)檢查公司財務，編報表冊（公326Ⅰ）。(2)了結現務（公327）。(3)公告催報債權（公327）。(4)收取債權、清償債務（公328）。(5)分派賸餘財產（公330）。(6)聲請宣告破產（公334準用89）。

2.**在特別清算：**除了與普通清算有同樣之規定外，尚有特別之規定如下：(1)聲請法院開始特別清算（公335）。(2)造具公司業務及財產狀況調查書及會計表冊（公344前段）。(3)向債權人會議陳述意見（公344後段）。(4)對債權人會議提出協定之建議（公347）。(5)聲請法院命令檢查公司業務及財產（公352）。

陳榮宗

訴‧公訴‧請求

訴係對法院求為審判之聲請。檢察官求為刑事判決之聲請則稱為公訴。請求，在私法上是指要求對方為一定之行為。民事訴訟法上請求或訴訟上請求，係原告對被告之權利主張依訴請求法院審判其當否之謂。

陳榮宗

訴訟代理人‧律師‧辯護人

訴訟代理人係對於訴訟進行有概括代理權之意定代理人。訴訟代理人得分為基於訴訟委任而為訴訟代理人，以及依法令而為訴訟代理人。又有民事訴訟法第70條第1項但書規定得為訴訟捨棄、認諾、撤回、和解、提起反訴、上訴或再審之訴及選任代理人等權限之訴訟代理人，稱為特別代理人，其無此等權限者稱為一般代理人。訴訟代理人原則上限於律師，但經審判長許可情形，非律師亦得為訴訟代理人（民訴68）。律師係受當事人、其他訴訟關係人之委任進行訴訟，執行律師法所定之業務及辦理一般法律事務為職業之人。辯護人係於刑事訴訟為犯罪嫌疑人或刑事被告辯護而被選任或指定之人。辯護人原則上由律師擔任，但被告無委任律師為其辯護人，而依法須有辯護人為其辯護之強制辯護案件，審判長應指定公設辯護人為被告辯護（刑訴29、31）。

陳榮宗

訴訟承當‧訴訟程序之承受

訴訟承當指於訴訟繫屬中訴訟標的之權利關係發生變動，新權利人承當舊當事人之訴訟上地位（民訴64、254）。訴訟程序之承受指訴訟繫屬中發生停止訴訟之事由而停止訴訟後，由新之訴訟進行人聲請繼續其訴訟程序之謂（民訴168以下）。雖有訴訟承當之情形，但不發生訴訟程序停止之場合，則不生訴訟程序之承受問題。

陳榮宗

訴訟能力・當事人適格・當事人能力

訴訟能力乃指能獨立有效自己為訴訟行為或接受相對人或法院之訴訟行為所必要之能力。民法上有行為能力者均有訴訟能力（民訴45）。當事人適格係指當事人就訴訟標的之特定權利或法律關係為起訴或被訴時，為獲得本案判決所必要之資格。當事人能力之有無係就一般抽象之情形為判斷，當事人適格之有無卻係就訴訟之具體關係個別情形為判斷。當事人能力乃指於民事訴訟得為當事人（原告及被告）之一般資格。民法上有權利能力者均有當事人能力（民訴40）。有當事人能力者未必均有訴訟能力，但有訴訟能力者均有當事人能力。

陳榮宗

訴訟救助・法律扶助

訴訟救助係於當事人無資力支出訴訟費用時，法院依當事人聲請，以裁定准予暫免審判費用、免供訴訟費用之擔保等支付，允許先為訴訟進行之民事訴訟上之制度（民訴107以下）。但訴訟救助之准許限於有勝訴可能之訴訟，若當事人顯無勝訴之望者，不應准予訴訟救助。法律扶助係對於經濟窮困之人，因經濟窮困無法保護自己權利，由一定之團體機構予以援助之制度，此乃一種社會救濟制度，與民事訴訟法上之訴訟救助不同。

管　歐

無附款的行政行為・附款的行政行為

行政機關所為行政行為的意思表示，以其有無附加的限制，得分為：

1. **無附款的行政行為**：指行政機關的意思表示並未附加任何限制，即可發生法律效果的行政行為，如違章建築予以拆除是，行政上的羈束行為，因受法規的嚴謹拘束，不得擅自附加條款，通常均為無附款的行為。

2. **附款的行政行為**：指行政機關的意思表示，附加一定限制，使其法律效果的發生，繫於將來事實的行政行為，此於行政上的自由裁量行為所習見，若法

規已明定對於行為所加的限制，則不得謂為附款，因其並非行政機關的意思表示。

　　行政行為的附款，可分為五種：

1. **條件**：附條件的行政行為，使行政行為的效力，繫於將來發生與否尚不確定的事實，又可分為停止條件與解除條件，前者於條件成就時而發生效力，如以完成某種設備，始准許營業是；後者於條件成就時，而喪失其效力，如不改善設備，則取締其營業是。

2. **期限**：附期限的行政行為，使行政行為的效力，繫於將來確定的事實，又可分為始期與終期，前者因期限屆至而發生效力，如至某年某月某日起，始准予開業；後者因期限屆滿而失去效力，如至某年某月某日起，即停止營業是。

3. **負擔、附負擔的行政行為**，使行政處分的相對人，負擔與行政行為有關聯的特別義務，其中又有作為義務，不作為義務，及金錢給付義務，如對於某種營業的許可，同時命為一定的設備、限制其經營副業，及繳納一定的公益費是。

4. **撤銷權的保留**：行政行為附以撤銷權的保留，乃指於為行政行為時，即保留在一定情形時，即予撤銷，如准予私營某種企業，惟指明將來收歸公營時，不得民營是。

5. **法律效果一部分除外**：行政行為附以法律效果一部分的除外，如准許律師登錄，其執行業務的區域，則予以限制是。

　　另依據行政程序法第93條規定，行政機關作成行政處分有裁量權時，得為附款。無裁量權者，以法律有明文規定或為確保行政處分法定要件之履行而以該要件為附款內容者為限，始得為之。

　　前項所稱之附款如下：

　　一、期限。

　　二、條件。

　　三、負擔。

　　四、保留行政處分之廢止權。

　　五、保留負擔之事後附加或變更。

賴源河

無限公司・有限公司

　　此乃就公司股東之責任態樣加以區分，(1)無限公司為二人以上之股東所組成，全體之股東對公司之債務應負連帶無限之清償責任（公2Ⅰ①），有限公司則由一人以上之股東所組成，其全體股東僅就出資額對公司負責，股東對公司債權人並不負直接責任（公2Ⅰ②）。(2)無限公司之結合完全建立於股東之相互信賴之上，故各股東就公司之業務，原則上對內均得單獨執行，對外得單獨代表公司，同時在其出資義務方面，無限公司之股東除現金外，亦得以其他之有財產價值者作為出資之標的，如動產、不動產、有價證券、債權、無體財產權均可，另外也可以勞務及信用出資，因為無限公司著重股東信用，其重要性高於公司之財產，故可以信用或勞務出資，但應將其事實載明於章程外，並應於章程內載明估價之標準。有限公司股東則不能以信用或勞務出資。(3)因無限公司信用是建立於股東之無限責任信用之上，故未如有限公司之資本須有檢查制度，「有限公司之資本總額，應由各股東全部繳足，不得分期繳款或向外招募」（公100），另外為確保資本之確定，復規定有限公司於章程訂立後十五天內，向主管機關申請設立之登記時，應將繳足股款之證件提出，主管機關並得派員檢查之。另外有限公司尚有法定盈餘公積與特別盈餘公積之規定（公112），乃為滿足「資本維持原則」。

蔡墩銘

無故・無正當理由

　　均指無合法之原因。(1)無故，謂無權或無正當之原因，有無權利或正當之原因，不以法律有明文規定者為限，即社會習慣所許可，而無背於公序良俗者，不能謂為無故（刑306、315、316、317）。(2)無正當理由，謂在客觀上欠缺受容許之理由（刑186）。

劉得寬

無權利能力社團・非法人社團

　　兩者並無差異，皆為具社團之實態，但未具權利能力之團體。如學會、同鄉會、同學會、校友會等，其既不屬於公益，亦不屬於營利之目的，且亦未能完成法人之設立手續，常成為無權利能力之社團。無權利能力社團其內部法律關係則應適用有關社團法人之規定。至於其財產之歸屬，在不動產取得之狀況，有採以代表人個人名義之登記方法，惟似應以團體名及附加代表者名義之登記方法較妥。又，在以團體之財產抵押之債權到期時，債權人僅能就屬於團體之財產限度內求償，不能向團體之構成員請求。

蔡墩銘

裁判・裁定

　　均指審判機關之意思表示。(1)裁判，謂審判機關對於訴訟就實體上或程序上事項所為之意思表示行為（民訴32、469，刑訴17、50、226、227）。(2)裁定，謂審判官就程序上事項所為之裁判（民訴23、28、35、234、235、236、237、238、239，刑訴6、8、9、10、21、23、24、25、220、222、224）。

陳榮宗

裁判・裁定・判決・命令

　　就廣義之意義言之，裁判係指裁判機關之判斷，通常指有司法權之法院所為之判斷或意思之表示而言。法院於審判程序中，原則上經言詞辯論所為之裁判，稱為判決。不要求法院基於言詞辯論所為之裁判，則稱為裁定。至於推事所為之裁判，則稱為命令。法院之判決必須為宣示，但裁定、命令以可認為相當之方法為告知即可。

陳榮宗

裁定駁回・判決駁回

民事訴訟法上，欠缺訴訟要件或上訴要件之訴，法院不得審理本案請求之當否，而應以裁定駁回（民訴249Ⅰ、442Ⅰ、Ⅱ）。具備訴訟要件之訴或上訴，其本案之請求無理由者，則以判決駁回之。

陳榮宗

裁判費・訴訟費用

民事訴訟之受理採取有償制度之國家，法院於受理民事訴訟時，必須由當事人依訴訟標的金額或利益之大小按一定之百分比計算金額向法院繳納，此為裁判費（民訴77-1～77-27）。民事訴訟之進行，除須繳納裁判費之外，另須送達費、鑑定費等費用，全部與裁判費合稱為訴訟費用。當事人負擔訴訟費用之範圍各國並未一致，我國對律師費不列為訴訟費用，但西德卻將律師費列為訴訟費用，歸由敗訴之當事人負擔。

管　歐

集約制・擴散制

行政機關的組織體制，以其職權是否集中或分散為標準，得分為集約制或擴散制，又稱為權力統一制或權力均衡制。

集約制指某一地域的各種行政事務，統轄於一個行政機關。如省、縣、市區域內的省、縣、市政府是。

擴散制指某一地域的各種行政事務，分別由各行政機關掌理，如原臺灣省政府的各廳處，縣、市政府的各局是。

管　歐

集會・結社

人民有集會及結社之自由（憲14），二者均須有多數之人，有一定之目

的，而為公法上所享有之自由權利。各國亦有法律為適當限制之規定。

集會乃多數之特定人或不特定人，因一定目的，暫時集合於一地開會，若群眾偶然聚集，並無一定目的者，尚不得謂為集會。

結社乃多數之特定人，因一定目的，為繼續性之永久結合，而為有組織之人民團體。

管 歐

集會・開會・延會・停會・散會・休會・閉會・復會

集會乃指會議之召集（憲29、68）；開會乃指會議之討論與決議（憲31、71）。延會指會期屆滿，必要時得延長之（憲68），又已屆開會時間，不足法定人數，主席得延長之，延長二次，仍不足法定人數時，主席即宣告延會（立法院議事規則22 IV）；停會指在會期中因故停止會議；散會乃指議事日程所列之議案議畢，或散會時間已屆，除有臨時動議外，主席即宣告散會）。休會亦稱閉會，係指會期屆滿後尚未再行集會（憲43）；閉會係指會議已經結束，不須再行會議；復會指休會期間屆滿，恢復會議。

劉得寬

期日・期間

皆是使法律關係發生效力，或失卻法律上效力之時間之規定。

1. **期日**：指不可分及視為不可分之一定時間而言，如2月9日。其為時之靜態，可喻為「點」。
2. **期間**：指由一定時間至另一時間，例如自1月1日至3月31日止是。其為時之動態，可喻為「線」。時間在法律上所處地位甚為重要，如人之出生、死亡，以及行為能力、權利能力、公法上或私法上法律行為效力之發生與消滅，甚至於法令本身效力之發生或消滅等，莫不與時間發生關係。其對個人權利之得失關係重大，故在法令、審判或法律行為上所定之期日與期間，除有特別規定外，其計算方法，均依民法之規定（民119以下參照）。

陳榮宗

期日・期間・期限

　　期日者，不可分或視為不可分之某一特定的時間，例如5月1日。期間，係自某一期日至另一期日之繼續的時間，例如自5月1日至9月1日。期日與期間，應依其是否以時間之經過為區別之標準，期日在觀念上為時間過程中的某一個點，期間則為線。期限係當事人以將來確定發生之事實，決定法律行為效力之發生或消滅的一種附款，其到來時期已確定者，稱為確定期限，例如自76年元旦起將房屋租與某甲。到來之時期不確定者，稱為不確定期限，例如某甲死亡時，贈與房屋一棟，雖必有一日到來，但到來時期尚未確定。

劉得寬

惡意・故意

　　皆是知悉一定事務之謂。

1.**惡意**：有各種之意思。(1)通常其非指道德的善惡，而僅單純地使用於明知之情形。「惡意占有人或無所有意思之占有人，因可歸責於自己之事由，致占有物滅失或毀損者，對於回復請求人，負損害賠償之責」（民956）。(2)與故意相同而與「重大過失」並用之情形。如「以惡意或有重大過失取得票據者，不得享有票據上之權利」（票14 I ）。(3)使用於道德的害意情形。「夫妻之一方以惡意遺棄他方在繼續狀態中者」（民1052 I ⑤）。

2.**故意**：常被使用於民事上或刑事上責任產生之要件。對此，並不僅限於確定地知曉事務，對於所謂之未必故意亦包含在內（刑13 II ）。「因故意或過失，不法侵害他人之權利者，負損害賠償責任；故意以背於善良風俗之方法，加損害於他人者亦同」（民184 I ）。在刑法上「行為非出於故意或過失者，不罰」（刑12 I ）。另外，亦有用於害意之場合，「故意致被繼承人或應繼承人於死或雖未致死因而受刑之宣告者」（民1145 I ①），「受益人故意致被保險人於死者或雖未致死者，喪失其受益權」（保121 I ）。

陳榮宗

惡意之抗辯・一般惡意之抗辯

二者均指主張人的抗辯，以拒絕執票人之付款請求。惡意抗辯係票據債務人對執票人之前手得主張人的抗辯事由，執票人於受讓票據時，知悉此一加害之事由，則票據債務人亦得以此抗辯事由對抗執票人（票據13）。一般惡意之抗辯，並非票據法所有之概念，而是從誠實信用原則或權利濫用之法理中所產生，自古來自羅馬法，一般惡意之抗辯在票據法分野方面，究應如何加以適用，因票據理論之不同，而有所差異。

管　歐

單記選舉・連記選舉

單記選舉指選民在選舉票上僅可書寫或圈定一名候選人，又稱單記投票。

連記選舉指選民在選舉票上得書寫或圈定多名候選人，不以一名為限，又稱連記投票。

管　歐

單純命令・法規命令

就行政命令的形式著眼，得分為單純命令及法規命令。

1. **單純命令**：指命令的形式並無法律式的條文規定，僅係就個別事件，為抽象或具體的宣告、訓飭或指示，恆因該事件的終了，其命令即不再予適用。
2. **法規命令**：指命令的形式亦如法律式的條文，就某種事件為一般抽象的規定，凡事件適合於其規定者，隨時皆可適用，原則上不以一次適用為限，此種法規命令，又稱行政規章或規章命令。

賴源河

創立會・股東會

兩者之性質相似，均為股份有限公司之意思決定機關，惟前者為設立中公

司之意思機關，後者為設立後公司之意思機關。創立會是由發起人召集各認股人，使認股人參與關於公司設立事務之會議，此乃為保護認股人之利益，給與認股人聽取設立經過，若認股人認為公司以不設立為適當時，得為不設立之決議（公151）。而股東會，乃股份有限公司全體股東所組織，是公司內部決定意思之最高機關，依其開會時間可區分為：(1)股東常會：須於每會計年度終結後六個月內召集之股東會議。(2)股東臨時會：公司於必要時，臨時所召集者（公173、211Ⅰ、245Ⅱ）。如以構成員為準可分為，普通股東會、特別股東會，後者是由特別股股東出席而構成，每於變更章程而有損害特別股東之權利時，召集之（公159）。

管　歐

創制權・複決權・立法權

　　創制權指人民依法定程序提議制訂或修改法案之權；複決權指人民依法定程序，對立法機關議決之法案，行使其最後決定之權。立法權指立法機關依法定程序制訂或修改法案之權。此三者均為對於法案之作用，均係公法關係及均不得牴觸憲法（憲17、27、62、113、123、124、171、172）。

　　三者之區別：(1)性質不同：創制權及複決權為政權，立法權為治權。(2)法案之淵源不同：創制、複決之法案，淵源於人民之簽署、表決。立法之法案，淵源於有權機關所提送之草案，以完成立法程序。(3)效力不同：人民所創制或複決之法案，同級立法機關所行使之立法權，不得與之牴觸，亦即創制權及複決權之效力較立法權為強。

劉得寬

給付・支付・交付

　　皆為金錢及物之轉移情形。

1.**給付**：不限於金錢，物及勞務之場合亦使用之，常用於表示基本的關係。

「債權人基於債之關係，得向債務人請求給付。給付，不以有財產價格者為限。不作為亦得為給付」（民199）。「被保險人或其受益人，於保險事故發生後，依本條例之規定，請領保險給付」（勞保19Ⅰ）。

2.**支付**：法律上對於金錢之交付，常以「支付」稱之。「稱買賣者，謂當事人約定一方移轉財產權於他方，他方支付價金之契約」（民345Ⅰ）。惟亦有使用「交付」，而未用「支付」者，「標的物交付定有期限者，其期限，推定其為價金交付之期限」（民370），此交付應為支付之意思。

3.**交付**：對於物之移轉常使用之，尤其是在動產場合。「動產物權之讓與，非將動產交付，不生效力」（民761Ⅰ前）。「物之出賣人，負交付其物於買受人，並使其取得該物所有權之義務」（民348Ⅰ）。

劉得寬

給付・清償・履行

皆為實現債務內容而使用之不同名稱。(1)給付，著重於債務人之行為，其使用在債務內容者，如給付之訴，作為給付等，而在行政法上，國家對於國民提供社會安全保障之行為，則稱為給付行政。(2)履行，則著重於債之效力方面，如債務不履行、履行期、履行利益等。(3)清償，則著重於達成債權目的消滅債務之債之關係消滅情形而言（民309以下）。

蔡墩銘

減刑・減輕其刑

均指對於刑罰之減輕。(1)減刑，謂依赦免法之規定而對於受罪刑宣告之人，減輕其所宣告之刑（赦14）。(2)減輕其刑，謂法院於對於受刑罰宣告者，依法定之減輕事由，如未遂或從犯之減輕，或依審判上之減輕事由，如犯罪情狀可憫恕之酌減而減輕其刑罰（刑16、18、19、20、23、24、27、30、59、60、61、62、63、66、73、86、102、166、167、172、244、301、347）。

蔡墩銘

勞役・勞動

均指違反工作者之意思而使其從事工作。(1)勞役，謂令犯人在剝奪自由

之情形下從事工作（刑42）。(2)勞動，謂令人從事一種不自由之工作（監刑76）。

蔡墩銘

結果犯・加重結果犯

均指有結果發生之犯罪。(1)結果犯，謂其犯罪構成要件除行為之外，另以結果發生為必要之犯罪（刑271、272、273、277、278）。(2)加重結果犯，謂其犯罪構成要件除有普通結果之外，因另出現加重結果而論以比衹有普通結果發生之結果犯更重之刑罰（刑17、136、185、277、278、282、289、290、291、293、294、302、325、328、333、347）。

管 歐

須受領的行政行為・不須受領的行政行為

就行政行為的相對人須受領與否著眼，得分為：

1. **須受領的行政行為**：行政機關的意思表示，必須相對人受領，處於可以瞭解的情態下，始發生法律的效果者，為須受領的行為。在對話人間，以口頭表示，為相對人所瞭解時，為已受領；在非對話人間，以文書送達於相對人時，為已受領，至於相對人的本意是否拒絕，則非所問；若相對人住所不明或有其他原因，則可準用民事訴訟法有關公示送達的規定，不必待其受理，即發生法律上的效力（公文9、13）。
2. **不須受領的行政行為**：行政機關的意思表示完成時，即發生法律上效力，不須相對人受領，為不須受領的行為。凡對於無特定相對人或多數不特定人的行政行為，均毋須待其受領，得以公告宣布之（公文2 I ①、⑥），即可發生效力。

管 歐

欽定憲法・協定憲法・民定憲法

此為憲法制定淵源之分類。凡憲法由君主之專擅意思所制定者，為欽定憲

法，已為現代國家所少見，憲法由君主與國民或其代表共同協議所制定者，為協定憲法，大抵係由欽定憲法演進而產生；憲法基於全體國民之意思所制定者為民定憲法。中華民國憲法（憲序言）及大多數民主國家憲法屬之。

賴源河

發起設立・募集設立

　　此兩者均為公司設立之方式：(1)發起設立，即由發起人認足公司第一次擬發行之股份總數或資本總額，不再向外另行募集之設立方式，亦稱同時設立或單純設立，各種公司均可依此設立方式，但無限公司、兩合公司及有限公司也僅能依此方式設立；(2)募集設立，即發起不認足公司第一次擬發行之股份總數，而將不足之額向外公開招募之方式，亦稱漸次設立或複雜設立。此僅限股份有限公司才能以此方式設立。

　　就股份有限公司之設立程序觀之，募集設立非常繁瑣，故德國已明文廢除，至於我國則強調之，公司非經募集設立或補辦公開發行者，其股票不得公開上市（證交42）。強調之雖有其正面理由，但也在實務操作上帶來頗大困擾。股份有限公司之設立程序如下：

1. **發起設立**：(1)訂立章程。(2)認足股份，因公司法目前採授權資本制，故就公司所訂股份總數，得分次發行（公156 II）。(3)繳足股款：股款應一次繳清不得分期繳納。(4)選任董事及監察人（公131 I 後段）。
2. **募集設立**：(1)訂立章程。(2)認股與募股：募集設立，發起人至少應自行認足第一次擬發行股份四分之一以上之股份，其餘部分始得對外招募（公132 I），為保護社會大眾，招股、募股設有嚴密之手續，且事先要經主管機關審核（公132、133、137，證交13、30、31、32）。(3)繳納股款，股票發行價格，不得低於票面金額（公140），然溢價發行並無限制，只是溢價額應與股款同時繳納（公141）。(4)召集創立會：發起人於股款繳足後，應於二個月內，召集創立會，此為認股人在公司募集設立中所組成之決議機關。

管　歐

備案‧備查

備案與備查，為各機關行使監督權所習用的方法，下級機關對上級機關，或人民對主管機關，報告有關事項，請求備案或備查，如經照准，即係同意或定案之意，備案與備查的用語，有輕重之別，要係表示有案可查，又備查一詞亦有使用於不相隸屬的機關者，即係查照或通知之意。

蔡墩銘

搜索‧臨檢

均指為發見人或物之目的而實施之處分，但一為司法處分（搜索），一為行政處分（臨檢）。

1.**搜索**：為發見被告或證據物件及可以沒收之物件存在，得對於被告之住宅或其他處所實施尋找之行為，又有相當理由可信為被告或應扣押之物存在時，亦得對於第三人之身體、物件及住宅或其他處所實施，但搜索原則上應用搜索票（刑307，刑訴122、123、124、125、126、127、130、131、132）。

2.**臨檢**：謂戒嚴地域內，對於建築物、船舶及認為情形可疑之住宅，得施行檢查，但不必有書面之授權，不過祇能為檢查，不可進而對於人或物予以強制扣押（戒嚴11、警勤14）。

管　歐

間接強制處分‧直接強制處分

行政執行法規定，行政官署得行間接或直接強制處分，亦即間接行政強制執行及直接行政強制執行（行執1、2、28）：

1.**間接強制處分**：其中分為：

(1)**代履行**：依法令或本於法令之行政處分，負有行為義務而不為，其行為能由他人代為履行者，執行機關得委託第三人或指定人員代履行之；代履行之費用，由執行機關估計其數額，命義務人繳納。

(2)**怠金**：依法令或本於法令之行政處分，負有行為義務而不為，其行為不

能由他人代為履行者，依其情節輕重處新臺幣五千元以上三十萬元以下
怠金。或依法令或本於法令之行政處分，負有不行為義務而為之者，也
得處以怠金。

2.**直接強制處分**：其中分為：(1) 扣留、收取交付、解除占有、處置、使用或
限制使用動產、不動產。(2) 進入、封閉、拆除住宅、建築物或其他處所。
(3) 收繳、註銷證照。(4) 斷絕營業所必須之自來水、電力或其他能源。(5)
其他以實力直接實現與履行義務同一內容狀態之方法。

管　歐

統率機關‧輔助機關‧執行機關

1.**統率機關**：指在行政機關的系統上，有政策決定及領導的職權，對所屬機關
有高度的指揮監督權，如行政院及原臺灣省政府等機關是。
2.**輔助機關**：指在襄助主管機關的首長處理其行政事務的機關，如所謂顧問、
設計、法規、訴願審議委員會等類性質的機關是。
3.**執行機關**：指僅依照現行法規或上級機關的命令，以為行政事務的執行，如
稅務稽徵機關、基層警察機關等是。

蔡墩銘

最終辯論‧最終陳述

1.**最終辯論**：謂為與調查證據程序之辯論予以區別起見，調查證據完畢後之辯
論稱之（刑訴289）。
2.**最終陳述**：謂審判長於宣示辯論終結以前，最後應詢問被告有無陳述，俾予
以最後陳述之機會，以便充分行使防禦權（刑訴290、379）。

劉得寬

善意‧無過失

1.**善意者**：指對於法律上某件事實之不知。其非具道德上之意味，如「善意之
第三人」（民87Ⅰ、92Ⅱ、107等），「善意占有人」（民952）。

2.**無過失**：則指不違反注意義務之行為。民法上有將善意與無過失並用者，例如不動產之取得時效，如以所有之意思，十年間和平、公然、繼續占有他人未登記之不動產，而其占有之始為善意並無過失者，得請求登記為所有人（民770）。又，占有人，推定其為以所有之意思、善意、和平、公然及無過失占有。（民944Ⅰ）

蔡墩銘

湮滅‧消滅

1.**湮滅**：謂使證據（物證）滅失之行為（刑165），廣義之湮滅證據包括他人刑事被告案件證據之偽造、變造及隱匿。

2.**消滅**：謂使人或物消失之行為。例如殘害人群治罪條例之消滅，指使某一民族、種族或宗教團體之消滅（殘群2）。

蔡墩銘

買賣‧販賣

均指交付價金而移轉財產權之契約。

1.**買賣**：稱買賣者，謂當事人約定一方移轉財產於他方，他方支付價金之契約。當事人就標的物及其價金互相同意時，買賣契約即為成立（民345、359、360、363、364、378、379、381、384、385、388、389、390）。

2.**販賣**：謂售賣之行為，但不以自行製造後出售於人或先販入而後賣出者為限（刑186、187、191、207、235、254、255、257、258）。

蔡墩銘

欺騙‧詐取

均指欺罔之行為。(1)欺騙，謂以不法方法使他人陷於錯誤（刑253、255、商標62）。(2)詐取，謂以欺罔方法取得財物（貪罪5）。

蔡墩銘

評議‧評決

均指合議審判的判決之程序。(1)評議，謂合議制法院為決定裁判內容時，各法官之討論或意見之陳述（法組101至106）。(2)評決，謂評議時之決定（法組105）。

十三劃

劉得寬

意思能力‧權利能力‧行為能力

1.自然人,皆有為私法上權利義務主體之地位,資格之「權利能力」,此權利能力,始於出生,終於死亡(民6,胎兒為例外,民7參照)。法人之權利能力,則於法令限制內有之(民26)。

2.私法上之權利義務關係,乃依據行為人之自由意思形成,是為私法自治原則。欲判斷行為人自己行為之意義與結果,則須行為人具有「意思能力」。無意思能力人,例如幼兒、狂人、泥醉之人,為保護其起見,其所為之行為不生法律之效果。惟意思能力之有無必須就個別、具體的行為加以判斷,然其主張自己行為時不具有意思能力之事實之舉證非易,且恐害及交易之安全。

3.故而,民法以人之年齡及精神障礙狀況為基準,作劃一的規定,以有意思能力者,有行為能力,無意思能力者,無行為能力,人之意思能力不健全者,僅有限制行為能力。而對意思能力不足者之法律行為,認其為無效或可得撤銷(民75以下),此即為「行為能力」制度。民法規定,以二十歲為成年,具有行為能力,而能單獨為完全有效法律行為(民12),未成年已結婚者,亦同(民13Ⅲ)。而未滿七歲之未成年人則無行為能力,監護宣告之人亦是(民13Ⅰ、15)。至於滿七歲以上之未成年人,則為限制行為能力人,其所為之法律行為,應經法定代理人之意思予以補充(法定代理人之同意)。

蔡墩銘

意思‧意圖

均指行為人之意思活動。(1)意思,謂行為實施之原因,即行為為意思之實現,故對於行為必有認識與意欲(刑12、13)。(2)意圖,謂行為之目的,

因有此項目的而使違法性加重（刑57、100、112、118、135、141、149、160、195、197、199、201、202、203、204、206、207、320、325、328、335、337、339、341、342、346、347）。

蔡墩銘

意圖營利・意圖漁利

均指獲得不法利益之目的。(1)意圖營利，謂具有獲得財產上利益之目的（刑231、240、241、243、290、297、298、300）。(2)意圖漁利，謂從中取利之目的，例如利用他人之訴訟而取得利益（刑157）。

管　歐

解釋・統一解釋

對於憲法、法律或命令之適用發生疑義時，而闡明其主旨，確定其意義者，謂之為解釋。憲法規定：「司法院解釋憲法，並有統一解釋法律及命令之權」（憲78），其於憲法則曰解釋；其於法律及命令，則曰統一解釋，兩者意義，顯有不同：

1.**解釋**：「憲法之解釋，由司法院為之」（憲173），僅司法院有解釋憲法之權，其他任何機關均無權解釋憲法。司法院大法官以會議方式，合議審理司法院解釋憲法與統一解釋法律及命令之案件（憲79Ⅱ、司組2-3、大法官法2）；至於法律及命令，則一般機關於適用時，皆應本於職權，自行研究，以確定其意義，而為適用，殊無許其聲請司法院解釋之理由，亦即一般機關得解釋其所適用之法律或命令。就通常情形言之，其屬於法律疑義者，由有權之中央主管機關解釋之；其屬於命令者，以發布該命令的機關解釋之。

2.**統一解釋**：指統一解釋法律與命令。中央或地方機關，就其職權上適用法律或命令所持見解，與本機關或他機關適用同一法律或命令時，所已表示之見解有異者，得聲請司法院統一解釋，但該機關依法應受本機關或他機關見解之拘束或得變更其見解者，不在此限（大法官法7，釋2）。

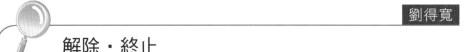

解除・終止

皆是解消契約效力之謂。

1.**解除**：為契約當事人之一方，使契約關係溯及的消滅之意思表示。「契約當事人之一方遲延給付者，他方當事人得定相當期限，催告其履行，如於期限內不履行時，得解除其契約」（民254）。

2.**終止**：如租賃、僱傭等繼續性的契約關係，向將來（非溯及）消滅之意思表示。「租賃物為房屋或其他供居住之處所者，如有瑕疵，危及承租人或其同居人之安全或健康時，承租人雖於訂約時已知其瑕疵，或已拋棄其終止契約之權利，仍得終止契約」（民424）。

債權・債券

皆為得對他人為一定給付之請求者。

1.**債權**：請求債務人為一定給付之權利，該給付為作為或不作為皆可（民199Ⅲ）。「債權人基於債之關係，得向債務人請求給付」（民199Ⅰ）。

2.**債券**：為表彰債權之證券，例如，表彰公司債權之公司債券，「股份有限公司經董事會決議後，得募集公司債」（公246Ⅰ前段）。除股份有限公司發行之債券外，另亦有表彰對其他法人之債權者，如銀行為供給中、長期信用，經中央主管機關核准發行之金融債券（銀11）。實際上，在廣義而言，債券應包含種種內容之有價證券，「本法所稱有價證券，謂政府債券、公司股票、公司債券及經主管機關核定之其他有價證券」（證交6Ⅰ）。

債務・責任

基於債權而實行給付等義務之狀態。

1.**債務**：基於債權而負擔給付義務之謂。「債務人不為給付或不為完全之給付者，債權人得聲請法院強制執行，並得請求損害賠償」（民227）。

2.**責任**：有各種用法，(1)使用於作為與債務對比之場合。此種情形之意思內容，依學說分其為訴求可能性及執行可能性，不具有此等責任之債務即為自然債務。即責任具有其法的強制性。(2)使用於含有負擔債務意思之情形。股份有限公司之股東就其所認股份，對公司負其責任（公2Ⅰ④、154）。(3)使用於一般的負擔義務、不利益之場合，「行政院依左列規定，對立法院負責……」（憲57）。

管 歐

義務・責任

　義務指在法律上所受的拘束力量，亦即法律規定作為成不作為，當事人應予遵守履行。

　義務與責任，有謂二者的觀念相同，實則責任足基於義務所應負有的任務，有某種義務，即負有相適應的責任，義務是因，責任是果；義務是本體，責任是作用。

管 歐

試用・人員・實授人員

　公務人員以其是否為初任人員，得分為試用人員與實授人員。初任各職等公務人員，先予試用一年，是為試用人員；試用成績及格者，予以實授，是為實授人員。

蔡墩銘

虞犯少年・觸法少年

　均指依少年事件處理法之規定而受少年法庭審判之對象。

1.**虞犯少年**：謂少年有下列情形之一，而有觸犯刑罰法令之虞者：(1)經常與有犯罪習性之人交往者。(2)經常出入少年不當進入之場所者。(3)經常逃學或逃家者。(4)參加不良組織者。(5)無正當理由經常攜帶刀械者。(6)有違警習性或經常於深夜在外遊蕩者。(7)吸食或施打煙毒以外之麻醉或迷幻物品者

（少3）。

2.**觸法少年**：謂少年有觸犯刑罰法令之行為者（少3）。

劉得寬

過失相抵・損益相抵

　　皆為損害賠償上之問題。

1.**過失相抵**：為對於損害賠償之請求，如被害人或債權人對於該損害亦有所過失者，則斟酌其過失之程度減少其所請求之損害賠償數額之謂。「損害之發生或擴大，被害人與有過失者，法院得減輕賠償金額，或免除之。重大之損害原因，為債務人所不及知，而被害人不預促其注意或怠於避免或減少損害者，為與有過失」（民217）。被害人對於其所促成損害之發生或擴大之範圍應負擔者，乃是基於公平之理念而來的。惟被害人有過失時適用過失相抵，乃屬原則，例外亦有不適用者，如保險事故之發生，除因被保險人之故意外，被保險人縱有過失，保險人亦應賠償（保29Ⅱ）。

2.**損益相抵**：為被害人或債權人基於同一損害發生之原因，受有利益時，應將所受得利益，由其所受損害中扣除之謂。例如，受任人受任出售股票，因遲延售出，以致於交易稅額增加，但股票價格因而上漲，對於受任人因遲延出售股票所造成之損害請求損害賠償時，應扣除股票價格上漲所獲得之利益。民法對於損益相抵並未有直接之規定（民267參照），但學說及判例均承認之。「損害賠償，除法律另有規定或契約另有訂定外，應以填補債權人所受損害及所失利益為限，為民法第216條第1項所明定，故同一事實，一方使債權人受有損害，一方又使債權人受有利益者，應於所受之損害內，扣抵所受之利益，必其損益相抵之結果，尚有損害，始應由債務人負賠償責任」（27滬上73）。又，被害人所受之利益須與所受損害出於同一事實始可，如因被害人之死亡而獲得之死亡保險保險金，因其為基於保險契約所得，故不能自損害賠償中扣除。

賴源河

資本確定原則‧資本維持原則‧資本不變原則

　　股份有限公司為典型之資合公司，為確保公司對債權人最低限度之擔保，乃有上述公司資本之三大原則：

1.**資本確定原則**：(1)股份有限公司設立時，其資本必須以章程加以確定，且應予以認足或募足為原則，目的在確保公司於成立時，即有穩固之財產基礎。(2)我公司法於民國55年修改以前即採此原則。(3)現行法為貫徹資本證券化及加強董事會職權計，改採折衷式之授權資本制，規定公司成立時授權董事會視實際需要招募，故資本確定原則已呈相對化（公156 II、131 I、132 I）。

2.**資本維持原則（資本拘束原則）**：(1)乃公司在存續中，應維持與資本總額相當之財產之原則。(2)此原則之目的在於確保企業之健全發展，並保護公司債權人及未來股東之利益。(3)故股票之發行價格，不得低於票面價額（公140）；抵作股款之財產如估價過高者，主管機關或創立會得減少所給股數或責令補足（公147）；認股人延欠應繳之股款，經發起人催告仍不照繳者，即失其權利，所認股份應另行募集，如有損害仍得對認股人請求賠償（公142）；未認足第一次發行股份，及已認足而未繳股款者，應由發起人連帶認繳，其已認股而經撤回者亦同（公148）；公司除法律另有規定外，不得自行將股份收回、收買或收為質物（公167 I）；公司分派盈餘時，須先彌補虧損及提出百分之十為法定盈餘公積，方得分派股息及紅利（公232 I、237 I）。

3.**資本不變原則**：即公司之資本總額，經章程確定後，非依法定程序，不得任意變動之原則。此一原則與資本維持原則相配合，目的在維持公司之實質財產，並防止其形式資本總額之減少，而保護公司債權人之利益。基此原則，公司法有如下之規定：(1)公司非將章程已規定之股份總數，全數發行後，不得增加資本（公278），而增加資本時，必須依變更章程之規定（公277），(2)公司欲減少資本時，除經股東會決議外，尚須向債權人分別通知及公告，對於債權人，更須為清償或提供相當之擔保，否則即不得對抗該債權人（公281、73、74）。

蔡墩銘

禁戒‧勒戒

均指接受煙毒之治療。

1. **禁戒**：謂犯吸食鴉片或施打嗎啡或使用高根、海洛因或其化合質料之罪者，除受刑之科處外，得令入相當處所接受禁戒處分（刑88，保執49、50、51）。

2. **勒戒**：謂施用煙毒成癮，於犯罪未發覺前，自動向檢察官或司法警察機關請求勒戒，於斷癮後經調驗確已戒絕者，免除其刑（毒品危害防制條例21、29）。

管 歐

新法優於舊法‧後法優於前法

新法優於舊法，亦稱後法優於前法，為適用法律之一般原則，係指同一名稱的兩種法律，或兩種法律所規定的事項或主要事項相同，其公布施行的時間在前者為舊法，在後者為新法，此時適用後出的新法，而不適用先出的舊法，因「同一事項已定有新法規，並公布或發布施行者」，則舊法應廢止之（法規標準21④），亦即新法（後法）有其效力，舊法（前法）失其效力。

惟此原則有其例外，即：(1)刑法規定「行為後法律有變更者，適用行為時之法律。但行為後之法律有利於行為人者，適用最有利於行為人之法律」（刑2Ⅰ），裁判前的法律，即係舊法，是為從輕主義；(2)「各機關受理人民聲請許可案件適用法規時，除依其性質應適用行為時之法規外，如在處理程序終結前，據以准許之法規有變更者，適用新法規。但舊法規有利於當事人而新法規未廢除或禁止所聲請之事項者，適用舊法規」（法規標準18），是為程序從新，實體從舊。

賴源河

傭船契約‧船舶租賃契約

我海商法對船舶之租賃無特別明文，自應適用民法關於租賃之規定，雖然

傭船契約在定期內供傭船人做若干航次與租賃同，但性質不同，其相異點可有如下：

1. 契約目的不同，傭船契約乃承攬契約之一，以完成運送為目的，船舶租賃契約則以船舶之使用收益為目的。

2. 船舶支配不同，傭船契約傭船人不得占有船舶，而船舶租賃契約，在租賃期間承租人取得船舶之占有。

3. 與第三人法律關係不同，於傭船契約，傭船人對於第三人無何等法律關係，而船舶租賃契約則承租人關於船舶利用，對於第三人與船舶所有人有同一之權利義務，如船員之薪資，即由租賃人支付。

4. 費用負擔責任不同，在傭船契約，傭船人僅支付運費，無須負擔航行之費用，而船舶租賃契約，其航行費用亦由承租人負擔，例如燃料、用水及有關航行之各種稅款、引水費等均歸承租人負責。

5. 船舶艤裝責任不同，於傭船契約，其船舶仍由船舶所有人艤裝之，而船舶租賃契約，則承租人須自艤裝其船舶。

6. 船舶利用不同，傭船契約雖為全部傭船，亦不過利用其船舶而已，而船舶租賃契約其船舶之全部，均供承租人利用。

7. 僱傭船員責任不同，在傭船契約，傭船人對於船員無何等關係，得對不滿船員請求更換，但亦須經船舶所有人調查事實，認定理由是否充分，再行決定解僱與否，而船舶租賃契約，則船員由承租人僱用之。

蔡墩銘

嗎啡・海洛因

皆指煙毒。(1)嗎啡，謂鴉片蒸發製成之無色微細之柱狀結晶，味苦，入水難溶，為止痛麻醉藥劑（刑256、257、259、260，毒品危害防制條例2）。(2)海洛因，謂為嗎啡之醋酸基衍生物，白色結晶性之粉末，味微苦，具麻醉性，有止痛安神之效果（刑256、257、263，毒品危害防制條例2）。

蔡墩銘

業務‧常業

均指執行生業。(1)業務，謂個人在社會生活中繼續從事之活動（刑22、24、132、208、215、228、316、317、336）。(2)常業，謂以犯罪為營生之方法，因其以實施同一犯罪之意思，反覆為之而成立，是以縱有多數行為之實施，亦不生數罪併罰之問題（刑90、157、231）。

蔡墩銘

傳喚‧約談

均指通知到場。(1)傳喚，謂法院或檢察官命被告或證人於一定日時，到達一定之場所（刑訴71、72、73、74、75、175、176、178）。(2)約談，謂司法警察官或司法警察，因調查犯罪嫌疑人犯罪情形及蒐集證據之必要，得使用通知書，通知犯罪嫌疑人到場詢問（刑訴71-1）。

蔡墩銘

微罪不舉‧微罪不起訴處分

均指對於微罪之處分。(1)微罪不舉，謂對於被害輕微之犯罪不提出告訴或告發。(2)微罪不起訴處分，謂對於被害輕微之犯罪提出告訴或告發時，檢察官以微罪為理由而予以不起訴處分（刑61、刑訴253）。

蔡墩銘

搬運‧販運

均指與運送有關之行為。(1)搬運，謂為他人而移轉贓物所在之行為（刑349）。(2)販運，謂販賣及運送（刑251）。

蔡墩銘

毀損・毀棄・毀壞

均指損壞物體，妨害其作用或降低其價值之行為。(1)毀損，指貶損之行為（名譽），即降低他人之評價（刑310）。(2)毀棄，謂對物加以損壞棄置，使其喪失效用（刑115、138、352、354）。(3)毀壞，謂以有形之物質力量，實施破壞行為，而使其效用之全部或一部達於喪失程度而言（刑353、356）。

管　歐

預算・會計・決算

預算乃是國家各級機關預算在一定期間（會計年度）內就財政上之收入與支出，用數字表示，以為該時期內財政運用執行之方案，行之於財政收支之前。

會計乃是國家各級機關執行預算及財政收支數目之紀錄，行之於財政收支進行之中。

決算乃是國家各級機關在每一會計年度中執行預算之結果，行之於財政收支之後。

行政院於會計年度開始三個月前，應將下年度預算案提出於立法院，於會計年度結束後四個月內，應提出決算於監察院（憲58、59、60、70、105）。

三者相同之點：(1)性質相同，均係公法行為之性質，發生公法上之效果，(2)均以財務為其對象，以財政收支為其內容。

三者相異之點：(1)法律依據不同：預算以預算法為依據，會計以會計法為依據，決算以決算法為依據。(2)主要作用不同：預算在訂定計畫，會計在記錄財務收支之實況，決算則在報告財務收支之最後結果。(3)權責機關不同：預算由行政院編送立法院議決通過，會計由各機關負責辦理，決算由行政院提送監察院，再由審計長於三個月內，依法完成其審核，並提出審核報告於立法院。

蔡墩銘

想像競合・法條競合

(1)**想像競合**：謂一行為而觸犯數罪名，即雖祇有一個行為，但因侵害數個法益而構成數個罪名，但在處罰祇依一個重罪處斷（刑55）。

(2)**法條競合**：謂行為人所實施之一個行為由於法律規定錯綜複雜之關係，以致符合多數法條，但在適用法律時，祇適用一個最適當之法條。

蔡墩銘

運輸・輸入

皆指輸送而言。(1)運輸，謂國內各地互為轉運輸送，或自國內輸出國外之行為（刑186、187、257、258，槍彈管7、8、12）。(2)輸入，謂自外國運入，即進口，至其從外國或無所屬之區域運入，皆非所問（刑254、257）。

十四劃

管 歐

團體協約・勞動契約

團體協約謂僱主或有法人資格之僱主團體，與有法人資格之工人團體，以規定勞動關係為目的所締結之書面契約（團體協約1），其契約當事人為團體。

勞動契約謂約定勞雇關係之契約（勞基2、9），其契約當事人，不論是否為團體或個人，因而團體協約得認為屬於勞動契約的一種型態。

管 歐

監察院院長・監察院副院長・監察委員

監察院設監察委員二十九人，並以其中一人為院長、一人為副院長，任期六年，由總統提名，經立法院同意任命之（憲增7Ⅱ），監察院院長、副院長及監察委員相同之點：(1)均須具有監察委員之積極資格（監察組3之1）；(2)均須提經同意任命之程序；(3)均為任期六年；(4)均須超出黨派以外，依據法律獨立行使職權（憲增7Ⅴ）；(5)均不得兼任其他公職或執行業務（憲103）；(6)均為監察院會議組織之成員（監察組7）。

三者相異之點：(1)是否綜理院務之不同，監察院院長綜理院務，並監督所屬機關，院長因事故不能視事時，由副院長代理其職務（監察組6Ⅰ）。(2)是否為會議主席之不同：監察院會議，由院長、副院長及監察委員組織之，以院長為主席（監察組7）。

管 歐

監察院秘書長・監察院秘書處

監察院置秘書長一人，特任，由院長就監察委員外，遴選人員提請任命

之，承院長之命，處理本院事務，並指揮監督所屬職員（監察組9）。

　　監察院設秘書處，分組、室辦事，職掌關於會議紀錄，派查案件及蒐集有關資料，文書收發保管、撰擬、編製，印信典守，出納、庶務等事項（監察組10）。

管　歐

監察院會議・監察院各委員會會議

　　監察院會議為全院整體之會議，由院長、副院長及監察委員組織之，以院長為主席，凡有關監察院職權之行使及院內事務，均得提案討論，會議時，除對於總統、副總統之彈劾案，須經全體立法委員二分之一以上提議，全體立法委員三分之二以上之決議，聲請司法院大法官審理外，須有全體監察委員二人以上之提議，九人以上之審查及決定，始得提出（憲增7、4）。

　　監察院各委員會議，乃各委員會分別舉行之會議，監察院得按行政院及其各部會之工作，分設若干委員會，調查一切設施，注意其是否違法或失職。如：內政、外交、國防、財政、經濟、教育、交通、司法、邊疆、僑務等委員會，各委員會委員，由監察委員分任之，每一委員以任三委員會委員為限，故各委員會並非監察院之隸屬機關，而係院內分工合作之組織。各委員會所討論之事項，為：(1)監察院會議交議事項，(2)委員提議事項，(3)由其他委員會移送與本委員會有關聯之事項，(4)院長交議事項。各委員會之開會，須有各該委員會委員除出外調查視察者外之過半數出席，其決議須經出席委員過半數之通過（憲96、監察組3、監察院各委員會組織法2、3、5、7）。

蔡墩銘

監獄・看守所

　　均為拘禁機構。(1)監獄，謂拘禁受自由刑判決確定之受刑人的處所（監獄行刑法2）。(2)看守所，謂拘禁被羈押被告或犯罪嫌疑人之處所（羈1）。

蔡墩銘

監護・保護・觀護

1. **監護**：指因心神喪失、精神耗弱或瘖啞之人而宣告之保安處分，即因心神喪失而不罰者，令入相當處所，施以監護；因精神耗弱或瘖啞而減輕其刑者，得於刑之執行完畢或赦免後，但必要時，得於刑之執行前為之，令入相當處所施以監護，其期間為五年以下（刑87）。
2. **保護**：謂對於未成年人之身體發育或精神之保全予以促進之權能，從事此任務者為少年保護官（少9、15、19）。
3. **觀護**：少年法庭為審理少年案件，需要瞭解之少年素質環境，從事此項調查為目的之少年觀護人之活動，由少年調查官負責此一工作（少9、19）。

管 歐

領土・領海・領空・領域

領土與人民、主權，同為構成國家之要素，乃為國家統治權所行使範圍之土地，是為領土主權，「中華民國領土，依其固有之疆域……」（憲4前段），實則領土之涵義甚廣，除指一定陸地的地面地下之外，應同時包括領海及領空，在一定的領海及領空之內，凡為國家統治權力所及之區域，亦即為國家之領土，合領土、領海及領空而言，得概稱之為領域。

管 歐

複本・謄本

複本與謄本，兩者之作用均在於預防票據的遺失，助長票據的流通，兩者雖有共同之作用，但其間仍有如下之區別：
1. 謄本是由執票人作成；複本則由發票人作成。
2. 謄本本身原則上並無票據之效力，須與原本結合，始得主張票據上之權利，複本本身即為票據之一，得為一切票據行為，且複本之間並無主從關係。
3. 謄本僅可為背書及保證，複本上卻可為一切票據行為。

4.謄本對於匯票、本票均適用,複本僅適用於匯票,至於支票,則不能有謄本及複本。

5.謄本之發行數量無限制,但複本則以三份為限。

6.謄本應標明「謄本」字樣,謄寫原本內容之全部或一部事項,並註明迄於何處為謄寫部分,複本則應標明「複本」字樣,記載原本同一文句,並編列號數。

其效力可分別說明如下:

1.**複本之效力**

(1)**關於承兌之效力**:各份複本均表彰單一的票據關係,其效力相等,故承兌人在一份複本上所寫的承兌,其效力及於他份,在各份上均為承兌時,亦僅負單一的付款責任。

(2)**關於付款之效力**:就複本之一付款時,其他複本失其效力,但承兌人對於經其承兌而未取回之複本,應負其責(票116Ⅰ)。

(3)**關於轉讓之效力**:匯票有複本時,僅須在一份上背書,即生轉讓之效力。若背書人將複本分別轉讓於二人以上時,對於經其背書而未收回之複本,應負其責(票116Ⅱ)。

(4)**關於追索之效力**:

(a)將複本各份背書轉讓與同一人者,該背書人為償還時,得請求執票人交出複本的各份,執票人雖未交出複本的各份,但已立保證或提供擔保者,不在此限(票116Ⅲ)。

(b)為提示承兌送出複本之一者,應於其他各份上載明接收人的姓名或商號及其地址(票117Ⅰ),匯票上有前項記載者,執票人得請求接收人交還其所接收的複本(票117Ⅱ)。但接收人拒絕交還時,執票人非以拒絕證書證明曾向接收人請求交還此項複本而未經其交還者,以他複本為承兌或付款的提示,而不獲承兌或付款等事項,不得行使追索權(票117Ⅲ)。

2.**謄本的效力**

(1)**關於背書及保證之效力**:在謄本上所為的背書及保證,與原本上所為的背書及保證,有同一效力(票118Ⅳ)。

(2)**關於追索的效力**:為提示承兌送出原本者,應於謄本上載明原本接收人

的姓名或商號及其地址（票119Ⅰ）。匯票上有前項記載者，執票人得請求接收人交還原本（票119Ⅱ），以便將謄本併入原本，行使追索權。若接收人拒絕交還時，執票人非將曾向接收人請求交還原本而未經其交還之事由，以拒絕證書證明，不得行使追索權（票119Ⅲ）。可知執票人作成拒絕交還原本之證書，縱無原本，亦可僅憑謄本行使追索權。

蔡墩銘

駁回・發回

1.**駁回**：謂審判機關對於當事人之聲請或請求不符合法律之程式或內容不當而為拒絕之意思表示，原則上以裁定為之（刑訴23、326、367、368）。
2.**發回**：謂上訴法院因原審判決諭知管轄錯誤、免訴、不受理係不當而撤銷原判決時，得以判決將該案件交由原審法院為實體上之審理（刑訴369、399）。

管　歐

製定・製作

依「法律統一用語表」之提示，凡係書、表、證照、冊、據等公文書之製成，用「製定」或「製作」，即用「製」字，不用「制」字（立法院秘書長72年11月25日臺處議2512號函─經提出立法院第五十一會期第五次會議認可）。

蔡墩銘

罰金・罰鍰

均指受公的制裁而負有繳納金錢之義務。(1)罰金，為刑罰（主刑）之一種，屬於財產刑，在刑罰之中屬於最輕者，最低刑為一千元（刑33）。(2)罰鍰，為政府或公共團體對於國民所科處之財產罰，但非刑罰，而屬於行政處分。依社會秩序維護法，罰鍰亦屬於主罰，最低罰為新台幣三百元，最高罰為新台幣三萬元，遇有依法加重時，合計不得逾新台幣六萬元（社維19）。

蔡墩銘

違法・不法・非法・枉法

均指不依法令之規定。(1)違法，謂違反法律之規定，尤其違反法律之禁止（刑127）。(2)不法，謂缺少法律之依據，如不法之所有或不法之利益，其所取得之所有權或利益，皆無法律之依據（刑320、325、328、335、337、339、341、342、346）。(3)非法，謂不正當之方法，即非法之方法（刑100、302）。(4)枉法，謂故意不依法律之規定，例如明知其為出入法律，而仍依其主觀為裁判或仲裁是（刑124）。

管　歐

緊急命令・緊急處分

緊急命令乃指本於職權，就緊急危難或非常事件所為具有強制力量的公的意思表示，其所發生的法律作用或具體結果，是為緊急處分。

通常情形，先有緊急命令，始有緊急處分，命令是處分的權源，處分是命令的結果；惟二者在本質上難以區別，「總統為避免國家或人民遭遇緊急危難或應付財政經濟上重大變故，得經行政院會議之決議發布緊急命令，為必要之處置」（憲增2III、並參照憲43、及已廢止之動員戡亂時期臨時條款1、2）。所謂「必要之處置」，即緊急處分，乃以緊急命令為前提，惟亦得謂該項緊急命令，其本身即是緊急處分。

緊急命令因有排斥法律適用之效力，原則上國家元首始得發布。惟緊急處分亦有不必淵源於元首之緊急命令，而得逕自為之者，例如：「船長在航行中，為維持船上治安及保障國家法益，得為緊急處分」（船員59）。

管　歐

實體法・程序法

法律得分為實體法與程序法，乃以法律所規定的內容為具體事項，抑為程序事項所為的分類。實體法是規定權利義務或具體事件的法律，又稱為主法，如民法為關於民事的實體法，刑法為關於刑事的實體法。

　　程序法是對於實體法所規定事項如何運用的法律，又稱為助法或手續法，如對於民法所規定的權利義務事件如何行使的民事訴訟法，對於刑法所規定的犯罪事件，如何追訴處罰的刑事訴訟法，均是程序法。

　　實體法與程序法，恆多分別制訂各為一種整個之法典，如土地法及土地法施行法、兵役法及兵役法施行法是，凡法律之另有施行法者，其施行法為程序法，其所依據之母法，則屬於實體法。

　　同一法律中亦有包括實體法與程序法兩種性質，而為混合規定者，凡法律另無施行法之規定者多屬之，即另有程序法之制訂，而在實體法中亦有程序法性質之規定者，亦所習見，如民法中關於法人之登記，拾得遺失物的呈報手續等規定；又如出版法、著作權法、商標法、專利法等法律，其本身為實體法性質，惟其中亦各有其程序事項之規定，同時並各另有出版法施行細則、著作權法施行細則、商標法施行細則，及專利法施行細則等程序事項的規定。

　　實體法與程序法區別之實益，在於實體法為「體」，程序法為「用」，有實體法而無程序法，則實體法失其作用，有程序法而無實體法，則程序法失其標的，彼此有相輔相成的關係。

蔡墩銘

管訓‧管收

1. **管訓**：謂對於犯罪或虞犯少年所科處之保安處分。依少年事件處理法第42條之規定，管訓處分分為下列三種：即一為訓誡，並得予以假日生活輔導。二為交付保護管束。三為交付安置於適當之福利或教養機構輔導。四為令入感化教育處所，施以感化教育（少41、26）。
2. **管收**：謂依管收條例之規定管收債務人或擔保人，其期間不得逾三個月（強24、25、26，管2、5、6、7、8、9、12、14、15）。

十五劃

適用・準用

　　法規所規定之事項，逕行依據其規定以為應用者為適用，法規並未規定其事項，惟就性質相同或類似之事項，援引法規所已規定之事項，以為應用者為準用，例如法規停止或恢復適用之程序，準用中央法規標準法有關法規廢止或制定之規定；法規修正之程序，準用有關法規制定之規定（法規標準19Ⅱ、20Ⅱ）。又如：國家賠償法規定：「本法於其他公法人準用之」（國賠14）；訴願法規定：「本法修正施行前，尚未終結之再訴願案件，其以後之再訴願程序，準用修正之本法有關訴願程序規定終結之」（訴願99Ⅱ）。

　　法規對某一事項規定適用或準用其他法規之規定者，其他法規修正後，適用或準用修正後之法規（法規標準17）。

適法行為・違法行為・脫法行為・放任行為

1. 行為符合法律的規定，並無牴觸情事者，為適法行為。
2. 行為牴觸法律的規定，或不為法律所容許者，為違法行為。
3. 行為本屬違法，而以迂迴方法，避免違反法律的強制規定，以達到其不法目的者，為脫法行為，例如以贈與財產的方式，收養他人子女，為自己長期勞務，藉以避免刑法上買賣奴隸的犯罪行為（刑296）是。
4. 行為並非法律所認可，亦非法律所制裁，而採取放任態度，不予干涉者，為放任行為，例如奸巧狡詐、品性惡劣，尚未損害他人之行為，無配偶者間的通姦行為，法律均不予處罰是。

審判・審理

均指起訴以迄於訴訟程序終結之階段。(1)審判,謂法院對於起訴案件而為審理裁判（刑訴10、31、279、293、294、295、296、297、298、379）。(2)審理,謂法院對訴訟關係人所為之審訊,以瞭解案情（刑訴379,少28、29、32、34、35）。

審判期日・審理期日

均指進行審判程序之期日。

1. **審判期日**：謂法院會合當事人及其他訴訟關係人為訴訟行為之期日,刑事訴訟法之用語（刑訴31、47、271、272、273、274、275、276、277、278、279、280）。
2. **審理期日**：謂少年法庭推事會合少年,少年之法定代理人或現在保護少年之人為訴訟行為之期日（少32,33、36、37）。

審查・審核・審議

此三者均為各機關本於職權處理公務的方法或程序,或依法令規定,或以裁量行之。其中審查及審核,用語雖異,性質及作用則同,恆為有隸屬關係的上級機關對下級機關的事件,或機關對不相隸屬機關的事件,或機關對人民的事件,就書面而為審查或審核,其結果有不須提經審議者;若提出審議,則審查或審核,即為審議的先行程序,如立法機關對於法案的審議,行政機關對於訴願案件的審議,公務員懲戒委員會對於懲戒事件的審議,均須先經過審查或審核的法定程序。

又審查或審核,並非嚴謹的有其法定人數,亦有由個別或少數人為之者,審議則必為合議制,須有法定人數的出席,及出席法定人數的決議,始發生法律的效力。

蔡墩銘

審問・詢問・訊問・詰問

均指對於證人或被告之發問。(1)審問,謂推事之發問(憲8)。(2)詢問,謂司法警察官、司法警察、推事或檢察官之發問(刑訴71之1、290)。(3)訊問,謂檢察官或推事之發問(刑訴74、93、94、95、96、97、98、99、100、101、170、171、177、184、185、190、191、192、205、276、287、326)。(4)詰問,謂當事人或其辯護人對於證人、鑑定人之發問,如係反對詰問則稱為覆問(刑訴166)。

劉得寬

撤銷・撤回・無效

皆為消滅法律行為之效果之意思表示,惟其間仍有相當之差異。

1.**撤銷**:在一定之撤銷原因場合,使法律行為之效力溯及的歸於消滅之意思表示。民法上之撤銷,有指法律行為之撤銷者,亦有指法律行為以外行為之撤銷者(如民14、34)。但一般之撤銷主要指廢棄有瑕疵之法律行為而言。得撤銷之法律行為其業已發生效力,經撤銷權人行使撤銷權,其效力始溯及的自始無效(民114 I)。此時為法律行為之當事人,應負回復原狀或損害賠償之義務(民113)。得撤銷法律行為之原因,如因錯誤、被詐欺、脅迫意思表示之撤銷(民88 I 前、92)。

2.**撤回**:乃是對於未生效力之行為,阻止其效力發生之意思表示。其與撤銷之不同,在於撤銷是消滅已生效力之行為,而撤回係對於未生效力之行為所為,如非對話意思表示之撤回(民95),限制行為能力人所訂立之契約,相對人於法定代理人未承認前之撤回(民82),訴訟行為之徹回(民訴262、459,刑訴325、354)。

3.**無效**:在一定之場合,由於無適切之意思表示,故不生其效力之謂。例如通謀虛偽之意思表示(民87),無行為能力之意思表示(民75),為相對人明知之單獨虛偽意思表示(民86),違反強行規定、公序良俗之法律行為(民71、72)等。無效之法律行為,為當然確定自始無效,故而不須再經法院宣告或當事人之主張。無效法律行為之當事人,於行為當時知其無效或可得而

知者，應負回復原狀或損害賠償責任（民113）。

撤職・休職・停職・免職・退職・解職・離職・辭職

此數者均為公務人員關係變動或消滅的原因：

1. **撤職**：為懲戒處分的一種，亦為最嚴重者，撤職，除撤其現職外，並於一定期間停止任用，其期間至少為一年（公懲9、11）。

2. **休職**：亦為懲戒處分之一，其嚴重性次於撤職。休職，休其現職，停發薪給，並不得在其他機關任職，其期間為六個月以上。休職期滿，許其復職，自復職之日起，二年內不得晉敘、升職或調任主管職務（公懲9、12）。

3. **停職**：指停止職務，公務員有下列情形之一者，其職務當然停止：(1)依刑事訴訟程序被通緝或羈押者，(2)依刑事確定判決，受褫奪公權的宣告者，(3)依刑事確定判決，受徒刑之宣告，在執行中者（公懲3）。

   公務員懲戒委員會對於受移送之懲戒案件，認為情節重大，有先行停止職務之必要者，得通知該管主管長官，先行停止被付懲戒人之職務；主管長官對於所屬公務員，送請監察院審查或公務員懲戒委員會審議而認為情節重大者，亦得依職權先行停止其職務（公懲4）。

   停止職務之公務員，未受撤職或休職處分或徒刑之執行者，應許復職，並補給其停職期間之俸給（公懲6）。

4. **免職**：指免去職務，原因不一：有因另有任用，而免去原職者；有因機關裁撤、改組或員額緊縮而免職者；亦有因考績總成績不滿六十分，列入丁等而免職者，或因專案考績，一次記二次大過而免職者（公考7、12）。

5. **退職**：指退出職務，大抵因任期屆滿，不再繼續任職，或雖無任期限制，並不再予任職而言。對於退職者，有法定退職金的給與（政務官退職酬勞金給與條例）。

6. **解職**：指解除或解去其原有的職務（憲52）。

7. **離職**：指離去其職務，無論被動的撤職、免職，或自動的退職、辭職等情形均屬之（公懲17）。

8. **辭職**：指自願辭去其職務，亦得謂為卸職或退職。

請願‧訴願‧訴訟

　　人民有請願、訴願及訴訟之權（憲16），均為人民所享有之公權，及須依法行使之。

1.**請願**：乃人民對於國家政策、公共利益、或其權益之維護，得向職權所屬之民意機關或主管行政機關請願，以陳述其願望之權利，其權利之行使，依請願法之規定。

2.**訴願**：乃人民對於中央或地方機關之行政處分，認為違法或不當，致損害其權利互利益者，得提起訴願，以請求救濟之權利，其權利之行使，除法律另有規定外，依訴願法之規定。

3.**訴訟**：有民事訴訟、刑事訴訟及行政訴訟之權。民事訴訟乃人民因私權受侵害時之救濟方法，依民事訴訟法之規定；刑事訴訟乃國家處罰犯罪行為之方法，依刑事訴訟法之規定；行政訴訟乃人民因中央或地方機關之違法行政處分，認為損害其權利，得向行政法院提起行政訴訟，依行政訴訟法之規定。

請願權‧訴願權

　　請願指人民對國家政策、公共利害或其權益之維護，得向職權所屬之民意機關或主管行政機關請願（請願2），是為請願權。

　　訴願指人民對於中央或地方機關之行政處分，認為違法或不當，致損害其權利或利益者，得提起訴願（訴願1），是為訴願權。

　　二者的異同如下：

1.**同點**：(1)均為人民所有的公權，為憲法所明定（憲16）；(2)均得為維護其權益而行使，亦即均為不法行政的救濟方法；(3)均須分別依請願法或訴願法以行使其請願權或訴願權。

2.**異點**：(1)請願無論事前事後均得為之，訴願必須於行政處分的事後始得提起；(2)請願對於國家的政策、公共利害或其權益的維護，均得為之；訴願則僅得以行政處分致損害本身權益為標的而提起；(3)請願得向職權所屬民意機關或主管行政機關為之；訴願僅得向有管轄權的行政機關提起；(4)請願並無

時效的限制；訴願須於法定期限內提起；(5)外國人不得為請願的當事人，但
非不得為訴願的當事人；(6)請願的行使，為訴願所排斥，亦即人民對於依法
應提起訴訟或訴願的事項，不得請願（請願4）。

胡博硯

請願・陳情・游說

依據請願法規定，請願指人民對國家政策、公共利害或其權益之維護，得
向職權所屬之民意機關或主管行政機關請願。行政程序法第168條則規定有陳
情，凡人民對於行政興革之建議、行政法令之查詢、行政違失之舉發或行政上
權益之維護，均得向主管機關陳情。另外依據游說法第2條規定，遊說者意圖
影響被遊說者或其所屬機關對於法令、政策或議案之形成、制定、通過、變更
或廢止，而以口頭或書面方式，直接向被遊說者或其指定之人表達意見之行
為。三者性質相近，均為人民向國家提出建言。

蔡墩銘

暴行・暴動

1.**暴行**：謂直接或間接對人身施行之有形力。暴行固為傷害人之一種方法，但
非唯一方法，即傷害亦可利用非暴行之方法為之。刑法處罰暴行，祇以對尊
親屬行之為限；如對普通人為之，而未成傷者，僅能依社會秩序維護法第87
條第1款處罰，不成立刑法上之犯罪（刑281）。
2.**暴動**：謂結合多眾，實施強暴脅迫，致一地之安寧遭受擾亂者稱之。以暴動
犯普通內亂罪之方法，則稱為暴動內亂罪（刑101）。

管　歐

彈劾・糾舉・糾正

彈劾、糾舉、糾正，均為監察院所行使之職權（憲90、97、98、100），
概稱監察權。均係對於違法或失職之行為所提出，均須行使於事後。其區別
為：

1. 彈劾案及糾舉案，係由監察委員提出，應先經其他委員之審查及決定；糾正案乃由監察院之各委員會行使，應先經有關委員會之審查及決議。
2. 彈劾權及糾舉權之糾彈對象為人，係違法失職之公務人員；糾正案之糾正對象為事，係行政機關違法失職之行政措施。
3. 彈劾權及糾舉權之行使範圍，不以行政機關人員為限，並及司法院及考試院人員；糾正案之行使，則以行政院及其有關部會為限。
4. 彈劾案如係對於總統、副總統，向立法院提出，對於一般公務人員，則向公務員懲戒委員會提出；糾舉案向被糾舉人員之主管長官或其上級長官提出；糾正案係向行政院或有關部會提出。
5. 彈劾案之目的，對總統、副總統為罷免；對一般公務人員為懲戒處分；糾舉案之目的，在使先予被糾舉人停職或為其他急速處分；糾正案之目的，在促使被糾正機關之工作及設施，注意改善。

管　歐

罷免權‧彈劾權

　　罷免權乃人民以投票方法，罷免其所選出之代表或公職人員的權利；彈劾權乃監察院對違法或失職之公務人員，移請懲處的權利，二者均為公權作用，均為解除職務之原因，發生公法上之效果。

　　惟罷免權之性質為政權，由選舉人直接行使之，其對象及於原選舉區所選出之被選人員。彈劾權之性質則為治權，由監察院行使之，僅為罷免之先行程序，如對總統、副總統之彈劾案，須經全體立法委員二分之一以上之提議，全體立法委員三分之二以上之決議，聲請司法院大法官審理，對一般公務人員之彈劾案，須經公務員懲戒委員會為撤職與否或其他懲戒處分之議決，且彈劾權行使之對象，不及於各級民意代表（憲17、27、90、100、133、憲增2 X、釋14、公懲3）。

劉得寬

賣渡擔保‧讓渡擔保

　　皆是為擔保之目的，將財產權移轉於債權人之方法。

1. **賣渡擔保**：當事人間常於買賣成立時，以約定賣主於一定期間內將目的物買回，返還其所受領之價金之方法行之。在買賣時附以再買賣預約或買回（民379以下）條件者屬之。惟此當事人之間就被擔保債權並無債權債務關係存在。

2. **讓渡擔保**：為擔保當事人間存在之債權債務關係，而將財產權移轉之謂。在債務清償完畢，債權人應將財產權復移回債務人。此種讓與對於第三人而言，與真正之讓與同。如債權人將財產權轉讓於第三人，則債務人只能向債權人主張違約責任，不能對第三人為基於財產權之主張。此兩種擔保方法極為類似，在實際契約之區別亦多有困難，應探究當事人之真意定之。

劉得寬

慰撫金・損害賠償

此為須負責任之當事人對他方所為之給付。

1. **慰撫金**：為對精神上之損害之賠償。「人格權受侵害時，以法律有特別規定者為限，得請求損害賠償或慰撫金」（民18Ⅱ）。

2. **損害賠償**：為對他人權利及利益之侵害所造成損害之賠償（民184、226、227、231至233，國賠2Ⅱ參照）。損害賠償可分為財產上之損害賠償，與非財產上之損害賠償，後者即為精神上之損害賠償；「不法侵害他人致死者，被害人之父、母、子、女及配偶，雖非財產上之損害，亦得請求賠償相當之金額」（民194）。精神上之損害賠償，以法律有規定為限，始得請求（民18Ⅱ參照），故一般之損害賠償大都指財產上之損害賠償，民法上可請求精神上損害賠償者，共有侵害人格權、姓名權、生命權、身體健康、名譽自由，及違反婚約、婚姻無效或撤銷等所受之損害者（民18、19、194、195、979、999、50臺上1114）。損害填補以回復原狀為原則，但如不能回復原狀或有所困難，則以金錢代替（民213至215），通常皆以金錢賠償居多。損害賠償以行為人之故意過失為其歸責事由，惟有時為緩和此要件之要求，對於有權利者對他人權益所造成之侵害，不以故意過失為要件，仍應對其造成之損害支付償金，例如相鄰關係中之袋地開路通行，對於通行地因此所造成之損害之支付償金（民788）即是，此種即為「損失補償」制度。

劉得寬

賠償‧補償

為填補之謂。

1.**賠償**：對於違法行為所造成損害之填補。「因故意或過失，不法侵害他人之權利者，負損害賠償責任」（民184 I 前段），「因可歸責於債務人之事由，致給付不能者，債權人得請求賠償損害」（民226 I），「債務人不為給付或不為完全之給付者，債權人得聲請法院強制執行，並得請求損害賠償」（民227）。「公務員於執行職務行使公權力時，因故意或過失不法侵害人民自由或權利者，國家應負損害賠償責任。」（國賠2 II 前段）

2.**補償**：亦為對損害之填補，但有各種之用法，(1)基於公權力之行使之適法行為所生之損害，予以填補之場合（此時之損害大多稱之損失）。如公用徵收土地之補償（土徵條例30以下之徵收補償）。徵收耕地地價之補償（耕15），因戒嚴而破壞人民財產之補償（戒11⑩）等。(2)對於勞動者因業務上原因所造成之傷病所為之給付，如勞動基準法第7章之職業災害補償。

管　歐

質詢‧備詢

立法委員在開會時，對於行政院院長及各部會首長之施政方針、施政報告有提出口頭或書面質詢之權，被質詢人有以口頭或書面答復之義務，質詢之提出，以說明其所質詢之主旨為限；質詢之答復，不得超出質詢範圍之外（憲57 I、立法院職權行使法16、24、25），質詢與答復，為法定之權利義務關係。

立法院各種委員會得邀請政府人員及社會上有關人員到會備詢（憲67），其詢問與答復，並無法定之程序與限制，不如質詢之嚴謹，並不構成法律上之權利義務關係。

十六劃

蔡墩銘

獨立告訴・獨立上訴

　　均指被害人或被告之法定代理人或配偶所為之訴訟行為。(1)「獨立告訴」，謂被害人之法定代理人或配偶，得不問被害人之意思如何，用自己之名義提出告訴（刑訴233）。(2)「獨立上訴」，謂被告之法定代理人或配偶，得為被告之利益而上訴（刑訴345）。

管　歐

獨立的行政處分・補充的行政處分・代理的行政處分

　　行政處分得分為積極行政處分與消極行政處分（參見另條），消極處分因對原有法律關係不為變更，維持原狀，其內容亦自仍舊，無再分類的必要；積極處分，則對原有法律關係加以變更，狀態不同，內容多端，得大別為3大類：

1.**獨立的行政處分**：指行政機關的行政處分，本身即得發生法律的效果，無須其他行為的補充或輔助，其中大別為形成處分與確認處分。而形成處分又得細分為創設處分、廢除處分、變更處分及混合處分四類（詳見另條）。

2.**補充的行政處分**：指行政機關補足他人的意思，以完成其法律效果的行政處分，如對於公共團體章程的認可，出售公產的私法行為，表示同意。補充處分既是補足的意思表示，自不能脫離他人原有的法律行為，而獨立發生法律的效果，所以與獨立的行政處分有別。

3.**代理的行政處分**：指行政機關對於所屬機關、團體、或特定相對人，就其監督事務，代為意思表示，使對他人直接發生法律效果的行政處分，例如：森林土地的使用，使用土地人為取得使用該土地的權利，應與土地所有人，及土地他項權利人協商之，協商不成或無從協商時，得請求地方主管地政機關

決定之（森林20）。

管 歐

獨任制・合議制・混合制

　　行政機關的組織體制，依其行政責任所歸屬的人數為標準，得分為獨任制、合議制及混合制。

1.**獨任制**：又稱首長制，指一行政機關職權的行使，依法由其首長一人單獨負其綜理的責任，如部長、廳長、處長、縣長、市長是。

2.**合議制**：又稱委員制，指一行政機關職權的行使，依法由多數人共同負其責任，如各委員會置常務委員或召集人若干人是。

3.**混合制**：又稱首長委員並立制，指一行政機關職權的行使，依法某種事件須經法定人數的議決，惟某種事件，機關首長仍負綜理的責任，如原臺灣省政府的組織，置有委員若干人，有其法定事項的議決權，惟省長又有某種事項的綜理權是。

管 歐

憲法・憲政

　　憲法是指國家根本大法的法典，憲政是指國家依據憲法規定或憲法精神所為的施政。就其具有最高效力的靜態規定言之為憲法，就其基於憲法主旨所為動態的作用言之，為憲政。憲法為體，憲政為用，彼此有互為表裡，相輔相成的關係。

　　憲法有成文憲法與不成文憲法之別，具有條文式的成文憲法國家，其政治合於憲法主旨者，固為憲政；其無條文式的不成文憲法國家，而其政治符合憲法精神者，仍不失謂為憲政。

管 歐

憲法・法律

1.**憲法**：規定國家之基本組織，人民之基本權利義務及其他重要制度之根本大

法，中華民國憲法，係國民大會受全體國民之付託，依據 孫中山先生創立中華民國之遺教所制定，法律上之效力最強，亦僅國民大會有修改憲法之權（憲1、27）。

2.**法律**：以國家權力而強制實行的人類生活規範，有廣狹二義，廣義包括憲法在內，如通常泛稱之「國法」是；狹義則否。憲法規定「本憲法所稱之法律，謂經立法院通過，總統公布之法律」，法律與憲法牴觸者無效（憲170、171），是憲法並不包括於法律之範圍，係採法律狹義說。

管 歐

憲法・憲法學

1.**憲法**：國家的基本組織，人民的基本權利義務及其他重要制度的根本大法。有形式上的意義，指有成文的統一法典定名為憲法者而言；其無憲法的成文法典，而就上述事項，有其根本性的最高規律者，是為實質上意義的憲法。所謂憲法，無論形式上意義及實質上意義的憲法，均包括之。

2.**憲法學**：指以研究憲法為內容為對象的學科，舉凡關於憲法的原理原則，規定的內容，發生的作用，適用的範圍，及其他有關憲法的重要事項，均為憲法學研究的內容及對象。就法的本身言，謂之為憲法，就法的研究言，謂之為憲法學。

管 歐

憲法法庭・憲法法院

司法院大法官除以會議方式，合議審理司法院解釋憲法與統一解釋法律及命令之案件外，並組成憲法法庭，合議審理政黨違憲之解散案件（憲增4Ⅳ、大法官法2）。憲法法庭為審理該項案件之場所。

憲法法院為歐洲德、義、奧等國之建制，職司憲法的解釋及法律的審查，理論上包括政黨違憲事件之審查在內，與我國司法院大法官之整體職權，大致相當。

管 歐

選舉‧投票

選舉與投票之觀念，有時混而為一，因通常所謂投票，即係選舉；惟投票並不以選舉事件為限，對於某一議案之通過與否，亦恆以投票為之。二者之區別，就事件之性質言之，為選舉；就事件之方法言之則為投票，憲法規定「本憲法所規定之各種選舉，除本憲法別有規定外，以普通、平等、直接及無記名投票之方法行之」（憲129）。

管 歐

選舉訴訟‧選舉制裁

「選舉應嚴禁威脅利誘。選舉訴訟，由法院審判之」（憲132），得分為選舉訴訟及選舉制裁：

1.**選舉訴訟**：此指因選舉事件發生爭議，如當選人資格是否相符，所得票數是否確實，計算票數有無錯誤，當選是否有效等情事，由選舉人或候選人依民事訴訟程序，提起訴訟，以解決爭議，得稱為民事上之選舉訴訟，不服地方法院或分院第一審判決而上訴之選舉訴訟事件，由該管高等法院或其分院管轄。選舉訴訟設選舉法庭，採合議制審理，並應先於其他訴訟審判之，以二審終結，並不得提起再審之訴，各審受理之法院應於六個月內審結（公職選罷126、127）。

2.**選舉制裁**：此指對於妨害選舉之取締與處罰，如妨害投票自由，投票受賄行賄，誘惑投票，妨害投票結果之正確，妨害投票秩序及投票秘密等威脅利誘情事（刑142至148），自應予以嚴禁，由檢察官依刑事訴訟程序，提起公訴，為罪刑之制裁，得稱為刑事上之選舉訴訟，且適用一般刑事訴訟管轄三級三審之規定。

管 歐

衡平法‧嚴正法

法律得分為衡平法與嚴正法，乃以適用法律時有無裁量餘地為分類的標

準。衡平法指法律的適用，得斟酌事理以為處置，如民法第252條規定：「約定之違約金額過高者，法院得減至相當之數額」是；嚴正法指法律所規定的事項，適用者必須嚴格的受其拘束，而無伸縮裁量的餘地。

蔡墩銘

賭博・彩票

均指以偶然事實決勝負。(1)賭博，謂當事人間相互約定，以所提供之財物交付於其中之勝利者，亦即基於勝負，使一方得利而他方受損（刑266、268）。(2)彩票，謂約定依抽彩之偶然事實決勝負，得彩者給與一定之財物，不得彩者僅出資而不給與財物（刑269）。

管　歐

積極行政處分・消極行政處分

行政處分得分為積極行政處分與消極行政處分，乃以行政機關作為或不作為而異其涵義：

1.**積極行政處分**：指行政機關對於原有的法律關係，積極予以變更的行為。亦即中央或地方機關基於職權，就特定之具體事件所為發生公法上效果之單方行政行為（行政程序法第92條），基於此種作為的行政處分，為積極行政處分，簡稱積極處分。

2.**消極行政處分**：指行政機關對於原有的法律關係，維持原有狀態，不予變更，亦即中央或地方機關對於人民依法聲請之案件，於法定期限內應作為而不作為，致損害人民之權利或利益者，視同行政處分（訴願2），此種不作為得視同行政處分，即為消極行政處分，簡稱消極處分。

劉得寬

遺贈・贈與

皆為移轉財產權之法律行為。

1.**遺贈**：是依遺囑而無償地移轉財產權之單獨行為。以遺產之全部或一部為標

的物之遺贈為包括遺贈，以具體之特定財產為遺贈者為特定遺贈，我國民法對包括遺贈並未有規定，日本民法將包括受遺贈人視為繼承人。我國民法在不違反特留分之規定下，遺囑人自可為包括遺贈，惟不應視其為繼承人。遺贈行為不得侵及繼承人之特留分，否則應得特留分人得自遺贈財產中予以扣減其不足之額（民1125）。

2.**贈與**：為財產權無償給予他人，而經其允受生效之契約（民406），贈與物之權利未移轉前，贈與人得撤銷其贈與。其一部已移轉者，得就其未移轉之部分撤銷之。（民408）

蔡墩銘

謀議・共謀・首謀・通謀

(1)謀議，謂二人以上商討犯罪計畫。(2)共謀，謂共同正犯實施犯罪之前所經過對於犯罪計畫之協議，與謀議屬於同義語。(3)首謀，謂首倡謀議之人，而且處於得依其意思而支配團體行動之地位者，不以一人為限，亦不以親臨現場指揮為必要（刑100、101、136、149、150、162）。(4)通謀，謂雙方互通謀議，其所用之方法為語言或文字，其動機為主動或被動，均在所不問。不過通謀在外患罪為構成要件行為，此與謀議、共謀及首謀不屬於構成要件行為者不同（刑103、104）。

十七劃

總則・分則・附則

1. **總則**：指某一種法律或規章中所規定之事項，屬於一般性質，為同一法規中其他各編或各章節條文所共同依據之規範，如民法、刑法及其他條文繁多之法規，均有總則。
2. **分則**：指某一種法規中所規定之事項，為專屬性質，有別於其他各編或各章節之規定事項，分則恆有特定之編章名稱，如民法分則之債、物權、親屬、繼承各編，刑法分則以罪刑性質為各章之名稱。
3. **附則**：指非本法規中之主旨事項，而與本法有關之慣例性規定，如施行細則之訂定機關、施行日期、施行地區等規定是。

總統・副總統

　　中華民國憲法有關總統、副總統之規定，憲法增修條文排斥其適用者甚多（憲增2），茲綜述總統、副總統之異同：

1. **同點**：總統、副總統之產生方法、候選資格及任期相同：
   (1) **產生方法相同**：憲法規定總統、副總統均由國民大會選舉所產生，憲法增修條文則規定總統、副總統由中華民國自由地區全體人民直接選舉之，自中華民國85年第九任總統、副總統選舉實施。
   (2) **候選人資格相同**：中華民國國民年滿四十歲者，得被選為總統、副總統。
   (3) **任期相同**：憲法規定總統、副總統之任期為6年，連選得連任一次，在動員戡動時期不受連任一次之限制，動員戡亂時期已於80年5月1日終止，憲法增修條文規定總統、副總統之任期，自第九任總統、副總統起為四年，連選得連任一次。

2.**異點**：總統、副總統之職權、刑事豁免權、誓詞，及缺位代行職權等事項，則彼此不同：

(1)**職權**：總統為國家元首，對外代表中華民國，有統率全國陸海空軍之統帥權，締結條約及宣戰、媾和權，公布法律、發布命令（包括緊急命令）權，戒嚴權，赦免權，任免文、武權，授與榮典權，解決院與院間爭執之權，核可行政院移請立法院覆議案之權（憲35至44、57），副總統缺位時，候選人之提名權，副總統均無此等職權之行使。

(2)**刑事豁免權**：總統除犯內亂或外患罪外，非經罷免或解職，不受刑事上之訴究（憲52），副總統則無此種豁免權之適用。

(3)**誓詞**：總統、副總統就職時宣誓之誓詞，各不相同，總統之誓詞如下（憲48）：「余謹以至誠，向全國人民宣誓，余必遵守憲法，盡忠職務，增進人民福利，保衛國家，無負國民付託，如違誓言，願受國家嚴厲之制裁。謹誓。」

副總統之誓詞，為總統、副總統宣誓條例所規定（條例4），誓詞如下：「余謹以至誠，向全國人民宣誓，余必遵守憲法，效忠國家，如違誓言，願受國家嚴厲之制裁。謹誓。」

(4)**缺位及不能視事時之代行職權**：在此情形，總統、副總統有所不同：總統缺位時，由副總統繼任，至總統任期屆滿為止，總統、副總統均缺位時，由行政院院長代行其職權，並依憲法增修條文第2條第1項規定，補選總統、副總統，繼任至原任期屆滿為止；總統因故不能視事時，由副總統代行其職權，總統、副總統均不能視事時，由行政院院長代行其職權；至於副總統缺位時，由總統於三個月內提名候選人，由立法院補選，繼任至原任期屆滿為止（憲49、憲增2Ⅶ、Ⅷ）。

(5)**卸任禮遇**：依卸任總統禮遇條例之規定，卸任總統享有各種禮遇，卸任副總統則否。

管　歐

總統制・內閣制

1.**總統制**：總統制為各國所採取之一種中央政治制度，美洲國家多屬之，其要點：(1)總統為國家元首，亦為最高行政首長，負實際上之政治責任；(2)內

閣閣員對總統負責，不兼任國會議員；(3)總統頒布法律命令，不須閣員副署，即可生效；(4)總統對國會通過之法案，僅有要求覆議權，而無解散國會之權。

2.**內閣制**：內閣制亦為一種中央政制，恆與總統制相對稱，歐洲國家多採行之，其要點：(1)內閣是國家之最高行政機關，元首不負實際政治責任；(2)內閣對國會負責，元首任命內閣總理，須取得國會之同意，閣員亦由國會議員兼任；(3)元首頒布法令，須內閣總理及有關閣員副署，始生效力；(4)國會對於內閣有不信任投票權，內閣對於國會亦有提請元首予以解散之權。

我國憲法規定總統、行政院與立法院之職權及關係，行政院為國家最高行政機關，對立法院負責；行政院院長由總統提名，經立法院同意任命之；總統頒布法令，須經行政院院長之副署，此均與內閣制相同，而與總統制有異。惟總統仍行使政治上各種重要職權，行政院院長、各部會首長及不管部會之政務委員，均不得由立法委員兼任；行政院無提請總統解散立法院之權，立法院對行政院，亦無不信任之投票權，此又均與總統制相同，而與內閣制有別。

因而我國之中央政制，既非內閣制，亦非總統制，亦難謂二者之折衷制，既以五權憲法為建制之根本大法，即可逕稱為「五權憲法的總統制」及「五權憲法的行政制」。

蔡墩銘

檢查・檢驗・相驗

均指勘驗時所為之處分。

1.**檢查**：謂為瞭解人的身體或物件而為之直接以五官之作用予以認識判斷之行為。檢查身體，如係對於被告以外之人，以有相當理由可認為於調查犯罪情形有必要者為限，始得為之。檢查婦女身體，應命醫師或婦女行之（刑訴213、215）。

2.**檢驗**：謂對於屍體外部而為之勘驗。檢驗屍體之目的在於調查死因，此點與解剖屍體之目的同，即其所適用之程序亦不分軒輊，故檢驗或解剖屍體，應先查明屍體有無錯誤。檢驗屍體，應命醫師或檢驗員行之。解剖屍體，應命醫師行之（刑訴213、216、217）。

3.**相驗**：謂檢驗或解剖屍體前之程序，但檢驗或解剖屍體並無時間上之限制，而相驗則應速為之，以爭取時效。即遇有非病死或可疑為非病死者，該管檢察官應速相驗，如發現有犯罪嫌疑，應繼續為必要之勘驗（刑訴218）。

檢察官・首席檢察官・檢察長

均指作為公訴程序的追訴者之國家機關。

1.**檢察官**：謂從事偵查、追訴、刑的執行者的國家機關之總稱，有地方法院、高等法院及最高法院之檢察官（刑訴26、60、71、71-1、82、87、88之1、92、106、128、131、136、228、229、231、250、255、256、257、258）。
2.**首席檢察官**：謂檢察官之首長（刑訴26、60、256、257、258）。民國78年法院組織法修正後，首席檢察官，一律改稱檢察長。
3.**檢察長**：謂最高法院檢察處之長官，由其提起非常上訴（刑訴26、60、256、257、258、441）。

聲明疑義・聲明異議

1.**聲明疑義**：謂當事人對於有罪裁判之文義有疑義者，得向諭知該裁判之法院所提出之疑義的聲明（刑訴483）。
2.**聲明異議**：謂受刑人或其法定代理人或配偶，以檢察官執行之指揮為不當者，得向諭知該裁判之法院所提出之異議的聲明（刑訴484）。又行合議審判之案件，當事人或辯護人對於審判長或受命推事之處分，亦得向法院聲明異議（刑訴288-3）。

聲請・申請

聲請及申請，均係人民向機關有所表明或陳述請求之意，惟依據「法律統一用字表」之提示，對法院用「聲請」；對行政機關用「申請」（立法院秘書

長72年11月25日臺處議2512號函——經提報立法院第五十一會期第五次會議認可）。

蔡墩銘

濫用職權・利用權力・假借職務上之權力

皆指職權之不當使用。(1)濫用職權，謂對於法律賦予之某種職權為不正當之行使（刑125）。(2)利用權力，謂濫用其權威勢力（刑261）。(3)假借職務上之權力，謂憑藉其特殊之權力或勢力（刑134）。

蔡墩銘

縱容・包庇

(1)縱容，謂放縱或容許之行為，其縱容之為一時或永久，可以不問（刑245、社維70、77）。(2)包庇，謂包攬、庇護，必須有可資認為公務員予以保護之積極行為，始足當之，如僅消極不予禁止，則僅為廢弛職務，而非包庇（刑231、264、270）。

蔡墩銘

隱匿・藏匿・隱避

均指使物或人之發見困難或不可能之行為。(1)隱匿，謂使物之發見困難或不可能之行為（刑115、165）。(2)藏匿，謂提供場所使其容身或妨害其所在被發見之行為（刑164、243、300）。(3)隱避，謂以藏匿以外之方法，妨害他人發見之行為（刑164、243、300）。例如令其換裝，供給衣服，給予逃亡費用或提供車輛之行為。

管　歐

隸屬系統・隸屬機關

行政機關在體制上有上級機關及下級機關之別者，為隸屬系統，或稱隸屬

關係，其所由隸屬者為上級機關，其所受隸屬者為下級機關，亦即隸屬機關，其中又有直接隸屬及間接隸屬之分，凡上下兩級機關的相互間，並無介入其間的機關者，為直接隸屬機關，反之，則為間接隸屬機關。此種間接隸屬機關，其下亦有所屬機關者，一系相承，等級頗多，是即為隸屬系統。

十八劃

管 歐

職位・職級・職系・職等

依舊有的公務職位分類法規定所用名詞的意義：

1.**職位**：係分配與每一工作人員的職務與責任。各機關職位相似者，應屬於同一職級。

2.**職級**：係包括工作的性質、繁簡難易、責任輕重及所需資格條件相似的職位。性質相似的職級，應屬於同一職系。

3.**職系**：係包括工作性質相似的職級。

4.**職等**：係指工作性質不同，而工作繁簡難易、責任輕重及所需資格條件程度相當的各職級所列之等。職責程度相當的職級，應屬於同一職等。

管 歐

職務命令・職務行為

此二者均與公務員的職務有關：

1.**職務命令**：指公務員關於職務範圍內的命令，由長官發布，屬員有服從的義務，其應具備的要件：(1)須所屬長官所發布的命令，(2)須屬於長官的職權範圍，(3)須屬於受命者即屬的職務範圍。因而屬官對於長官就其監督範圍以內所發命令，有服從的義務，但屬官對於長官所發命令，如有意見，得隨時陳述；公務員對於兩級長官同時所發命令，以上級長官的命令為準；主管長官與兼管長官同時所發命令，以主管長官的命令為準（公服2、3），其所稱命令，均指職務命令。

2.**職務行為**：指公務員依照法令執行其職務的行為。職務命令存在於上級長官與下級屬員之間，職務行為則不論長官或屬員均有之。公務員應遵守誓言，忠心努力，依法律命令所定執行其職務（公服1），其職務行為因公務員的種類不一，而不盡相同，恆由特別法令規定，惟一般公務員職務行為的規

範，則為公務員服務法所規定，凡受有俸給的文武職公務員及其他公營事業機關服務的人員，均適用之（公服24）。

管　歐

職業團體・社會團體・政治團體

人民團體分為職業團體、社會團體及政治團體三種（人團4）：

1. **職業團體**：係以協調同業關係，增進共同利益，促進社會經濟建設為目的。由同一行業之單位、團體或同一職業之從業人員組成之團體（同法35），如農會、工會、商會等是。

2. **社會團體**：係以推展文化、學術、醫療、衛生、宗教、慈善、體育、聯誼、社會服務或其他以公益為目的，由個人或團體組成之團體（同法39），如校友會、同鄉會、慈善會等是。

3. **政治團體**：係以共同民主政治理念，協助形成國民政治意志，促進國民政治參與為目的，由中華民國國民組成之團體（同法44），如政黨是。

陳榮宗

職權探知・職權調查

職權探知乃指法院為判斷有關訴訟對象或調查事項，不待當事人為聲請或異議而法院本身得收集提出證據資料之謂。法院負收集提出證據之權限與義務時，稱為職權探知主義，而由當事人負其權限與義務時，稱為辯論主義。職權調查乃指法院對於特定之對象或事項，不論當事人之主張是否存在或內容如何，得自己為調查、判斷或裁判之謂。訴訟要件（民訴）、訴訟條件（刑訴）存否之外，刑事訴訟法上第二審、第三審上訴理由之存否等，均係職權調查事項。對於判斷之方法（指職權調查）與資料（指職權探知）必須加以區別，例如，民事訴訟法上對於任意管轄或訴之利益存否，此雖為法院必須為職權調查之事項，但其調查之資料卻有待當事人之辯論，不一定採取職權探知主義。

職權解釋・學理解釋

　　關於法律的解釋，因區別標準不同，得為各種分類，以解釋主體及解釋效力為著眼，得大別為職權解釋與學理解釋：

1.**職權解釋**：亦稱有權解釋、法定解釋或強制解釋，乃是國家各機關基於其法定職權，對於法律疑義予以解釋，其解釋對有關機關及人民，有拘束的效力，如有違反，則構成違法行為。職權解釋又得分為立法、行政與司法解釋：

   (1)**立法解釋**：指立法機關對於法律涵義的解釋，其方法(a)將法律涵義規定於本法條文之中，(b)在施行法或其他法律條文中，以明示某一法律用語的涵義，(c)法律規定某種事件的意義，以間接釋示其他法文的意義。

   (2)**行政解釋**：指行政機關對於法律適用疑義的解釋，原則上以行政法規為限，有拘束各關係機關及人民的效力，至於「法官於審判案件時，對於各機關就其職掌所作有關法規釋示之行政命令，固未可逕行排斥而不用，但仍得依據法律表示其合法適當之見解」（釋137），是行政機關的解釋，法官於審判時，僅應予以適當的重視，並無拘束的效力。若行政機關與非行政系統的機關，發生法令適用上的不同見解時，則得經由最高行政機關轉請司法院為法令的統一解釋。

   　　我國為五權憲制國家，行政機關既有權為行政法規的解釋，則考試機關及監察機關適用考試法規或監察法規發生疑義時，亦自得有權予以解釋。

   (3)**司法解釋**：指司法機關對於法律適用疑義的解釋。各級司法機關如各級法院固均得依職權解釋其所適用的法律，惟司法院則有解釋憲法，並有統一解釋法律及命令之權，依司法院大法官會議法的規定，行使其解釋職權（憲78、79，司組3、6，大法官法2），可謂最具權威性的法定解釋。

2.**學理解釋**：亦稱無權解釋或私人解釋，乃學者基於學理上的見解，對於法律所為的解釋，並無拘束力，惟有關機關自得參酌其解釋意見，或採取此種學理解釋方法，以為職權解釋，以發生效力。

   　　學理解釋又得分為文理解釋與論理解釋：

   (1)**文理解釋**：指依據法律條文的字義或文義以為解釋，又稱文字解釋。應

注意(a)法律文字用語的通常或特殊意義,(b)法律文字意義對於時間空間的適應性,(c)法律全部條文的連貫性及完整性。

(2)**論理解釋**:指不泥拘於望文生義,而探求立法思想、斟酌社會各種現象,以闡釋法律的意旨,其方法又可分為: (a)擴張解釋,乃擴充原有文字的意義,使其涵蓋較廣,(b)限制解釋,乃縮小文字的涵義,以免浮濫,(c)當然解釋,以示理所固然,(d)反對解釋,以推論其反面的真義,(e)補正解釋,以充實原有規定的缺漏,(f)歷史解釋,以法制經過,闡明法律的真義,(g)類推解釋,援引類似事例,以比附適用;惟刑事採罪刑法定主義,對刑事法律,不得為比附援引的解釋。

管　歐

簡薦委制・職位分類制

我國人事行政制度,曾同時採簡薦委制及職位分類制的並行制度,二者並行不悖,形成兩大體系,可謂人事行政的雙軌制:

1. **簡薦委制**:亦稱品位制,乃以「人」為建制的基礎,公務人員一經簡任、薦任或委任等階級任用之後,即具有所任官等的身分,按服務年資而晉升,依等級的高低,決定職務的高低,及俸給的多寡,現在司法、外交、警察、衛生、民意等五類機關仍沿用此制,其於此等機關任職者,得謂為品位制人員,適用一般性的考試法、公務人員任用法、公務人員俸給法及公務人員考績法。

2. **職位分類制**:乃以「事」為建制的基礎,以公務職位分類法為其基本法,關於公務人員的職位,係以工作的性質,繁簡難易,責任輕重,及所需資格條件,予以分類,但司法、外交、警察、衛生、民意機關及其他經立法程序規定不宜分類機關,得不予分類。其屬於職位分類制的公務人員,則另有分類職位公務人員考試法、分類職位公務人員任用法、分類職位公務人員俸給法,及分類職位公務人員考績法,以為適用。

惟原適用於品位制人員及分類職位人員之各別有關法律,已於民國75年間陸續予以廢止,而另行新頒兩制合一之共同性法律,可謂之為新人事制度。

陳榮宗

舉證責任‧主張責任

1. **舉證責任**：指法院及當事人於某一法律要件之事實不明時，主張該法律要件事實存在或不存在所發生法律效果有利自己之人，因無法為證明所受不利判決之危險。亦稱為「證明責任」或「立證責任」。將上述事實之證明責任定由當事人之一方負擔之情形，稱為「舉證責任之分配」。
2. **主張責任**：指在辯論主義之下，當事人之一方對自己有利之主要事實，如不為主張，則該事實不被認定之不利益而言。舉證責任之問題，不僅在辯論主義之下有之，即使在職權探知主義之下亦有此種問題，但主張責任卻僅在辯論主義之下始有此種問題。

管　歐

覆議‧復議

此指對立法機關之覆議及復議：

1. **覆議**：指行政機關對立法機關所為之決議，而請求立法機關覆議，例如：立法院對於行政院之重要政策不贊同時，得以決議移請行政院變更之。行政院對於立法院之決議，得經總統之核可，移請立法院覆議。行政院對於立法院決議之法律案、預算案、條約案，如認為有窒礙難行時，得經總統之核可，於該決議案送達行政院十日內，移請立法院覆議（憲57②、③）。
2. **復議**：立法機關內部之出席人員對原決議而提出復議，須具備一定之要件，例如立法院議事規則第42條規定：

   決議案之提出，應具備下列各款：

   (1)證明動議人確為原案議決時之出席委員，而未曾發言反對原決議案者，如原案議決時，係依表決器或投票記名表決或點名表決，並應證明為贊成原決議案者。
   (2)具有與原決議案不同之理由。
   (3)二十人以上之連署或附議。

十九劃

懲戒責任・懲戒處分・懲戒罰・懲戒犯・懲戒權

公務員有違法、廢弛職務或其他失職行為，在行政上應受國家的懲戒，是為懲戒責任，國家對公務員所為的不利處分，是為懲戒處分，乃撤職、休職、降級、減俸、記過、申誡等六種處分；此種處分對公務員有制裁的效果，謂之為懲戒罰；懲戒罰行使的對象，為應負懲戒責任的公務員，即為懲戒犯，國家對於懲戒犯行使懲戒處分的職權，是為懲戒權（公懲2、9）。

懲戒情事・懲戒種類・懲戒標準

1. **懲戒情事**：指公務員應受懲戒的情事，亦即應受懲戒的原因，為：「(1)違法，(2)廢弛職務或其他失職行為」（公懲2），有上述情事之一者，應受懲戒。

2. **懲戒種類**：指公務員懲戒處分的種類，為：「(1)撤職，(2)休職，(3)降級，(4)減俸，(5)記過，(6)申誡」（公懲9），同一應受懲戒的情事，不得同時為二種以上的懲戒處分。

3. **懲戒標準**：指懲戒處分輕重的標準。公務員懲戒委員會辦理懲戒案件，應審酌一切情狀，尤應注意下列事項，為處分輕重的標準：「(1)行為之動機，(2)行為之目的，(3)行為時所受之刺激，(4)行為之手段，(5)行為人之生活狀況，(6)行為人之品行，(7)行為所生之損害或影響，(8)行為後之態度」（公懲10）。

管　歐

懲戒審議．懲戒再審議

　　此二者得概稱為懲戒審議程序，懲戒再審議，必須有懲戒案件的議決為其先決要件：

1.**懲戒審議**：指公務員懲戒委員會就監察院移送的彈劾案，或各院、部、會長官、地方最高行政長官等主管長官對所屬九職等，或相為於九職等以下公務員有違法失職等情事的移送案，予以審查議決，其中包括：(1)應受懲戒處分的議決，(2)應為不受懲戒的議決，(3)應為一免議的議決，(4)應為不受理的議決（公懲18、19、24、25、26）。

2.**懲戒再審議**：懲戒案件的議決，有下列各款情形之一者，原移送機關或受懲戒處分人，得於法定期間移請或聲請公務員懲戒委員會再審議：(1)適用法規顯有錯誤者。(2)原議決所憑之證言、鑑定、通譯或證物經確定判決，證明其為虛偽或偽造、變造者。(3)原議決所憑之刑事裁判，已經確定裁判變更者。(4)原議決後，其相關之刑事確定裁判所認定之事實，與原議決相異者。(5)發現確實之新證據，足認應變更原議決者。(6)就足以影響原議決之重要證據，漏未斟酌者。

前項移請或聲請再審議，於原處分執行完畢後，亦得為之（公懲33）

蔡墩銘

證明．釋明

　　均指提出證據以使法院信其所主張之事實為真實。(1)證明，謂其所提出之證據使法院形成確信程度之心證（刑訴47）。(2)釋明，謂其所提出之證據不必使法院形成確信程度之心證，只要使法院產生可能正確的推測程度之心證（民訴34、92、165、242、276、284、309、332、346、370、390、391、526、559，刑訴，20、68、201）。

蔡墩銘

證書・保證書

均指證明之文書。(1)「證書」，謂證明品行、能力、服務或其他相類之文書（刑212、刑訴115）。(2)「保證書」，謂對於一定事項予以保證之文書（刑訴111、113）。

蔡墩銘

證據能力・證據之證明力

1.**證據能力**：謂在特定之訴訟案件，一定之證據具有作為嚴格證明資料之法律上資格（刑訴159、160）。

2.**證據之證明力**：謂證據對於待證事實之認定所具有之實質的價值。刑事訴訟法規定，證據之證明力，由法院自由判斷（刑訴155）。

二 十 劃

管 歐

議決・決議・表決

　　議決、決議、表決，為合議制組織議事時習常之用語，迭見於憲法（憲32、43、57、58、63、73、94、97）及其他法規有關條文之中，其涵義大致是：議決係指對議案動態的過程；決議係指對議案靜態的結果；表決係指對議案之最後程序，凡討論終結或停止討論之議案，主席應即付表決，表決方法，有口頭表決、舉手表決、起立表決、無記名表決、或點名表決，通常須有法定出席人數過半數之同意，方得通過。

陳榮宗

闡明・辯明

　　訴訟程序中，審判長為明瞭訴訟關係，就事實及法律上事項，向當事人發問或曉諭，令其陳述事實、聲明證據，所聲明或陳述有不明瞭或不完全者，令其述明或補充之，稱為闡明。闡明作為法院訴訟指揮權之一種態樣，稱為闡明權，若自義務方面觀之，則為一種闡明義務。法院除行使闡明權外，為闡明或確定訴訟關係，所為之一定處分，則為闡明義務（民訴203）。辯明係為明白說明自己之立場或意見所為之行為，主要係在作一定處分之程序過程中，對成為處分對象之人，從程序保障之觀點，予以辯明之機會。

管 歐

黨派・政黨

　　黨派有廣狹二義，狹義係指政黨，乃人民因共同信奉之主義或理想，以圖實現其政見所組織政治性之人民團體，憲法中迭見黨派一詞（憲7、80、88、138、139），而無「政黨」之用語，黨派得認為即指政黨。政黨為人民團體中

之政治團體，惟政治團體須符合下列規定之一者，始為政黨（人團45）：(1)全國性政治團體以推薦候選人參加公職人員選舉為目的，依人民團體法規定設立政黨，並報請中央主管機關備案者；(2)已立案之全國性政治團體，以推薦候選人參加公職人員選舉為目的者。

　　黨派之廣義則包括政黨及非政黨而僅係事實上單純之派系在內，如並非政黨性質的組織，而僅為特殊性或臨時性所結合之「利益集團」，又稱「壓力團體」(Pressure Groups)。

蔡墩銘

繼續犯・接續犯

1.**繼續犯**：謂犯罪雖已達既遂，但法益侵害狀態在繼續存在之時間，認為行為在繼續實施之情形。屬於此種性質之犯罪為和誘、略誘、私行拘禁及不解散罪（刑149、240、241、302）。

2.**接續犯**：謂在同一機會、同一場所實施之數行為被包括認為一罪之情形，例如在同一機會對於同一被害人所加之數個傷害（刑277、278）。

二 十 一 劃

蔡墩銘

贓物・盜贓

均指因財產犯罪而獲得之物。

1.**贓物**：謂因財產犯罪而不法取得之財物，被害人在法律上有返還請求權者（刑349、351）。

2.**盜贓**：謂因竊盜罪、強盜罪或搶奪罪（盜取罪）而獲得之財物（民949、950、951）。

蔡墩銘

辯護人・律師

均指協助當事人實施訴訟行為之人。

1.**辯護人**：謂為補充被告之防禦能力為職務之協助被告的人。辯護人應選任律師充之。但審判中經審判長許可者，亦得選任非律師為辯護人（刑訴29）。但第三審法院之辯論，非以律師充任之辯護人不得行之（刑訴389）。

2.**律師**：謂登錄於法院之律師名簿而得執行法律事務之人，其得被選任為辯護人或代理人（刑訴29、38）。

二十二劃

管 歐

權利・權力

　　權利(Right)與權力(Power)之意義、性質及其區別如何，仁智互見，迄無定論，惟權利乃在法律上所得主張其利益的意思力量，此種法律關係，就利益觀念言，為權利；就力量觀念言，為權力。其在私法上之利益或力量，為私權利或私權力；其在公法上之利益或力量，為公權利或公權力。

管 歐

權利・利益・反射利益

1.**權利**：指在法律上所得主張其利益的意思力量，法律規定其為權利，而予以保障，所以無所謂不當的權利或非法權利。
2.**利益**：指精神上或物質上的所得而言，所謂所得，有並無法源者，如無法律上之原因而受利益，是為不當得利，應返還其利益；亦有不法利益，如公務員收受賄賂，構成犯罪是。
　　權利與利益的觀念，既不完全相同，所以在同一法條之中，有將「權利」與「利益」同時並舉者，如訴願法第1條，「人民對於中央或地方機關之行政處分，認為違法或不當，致損害其權利或利益者，得依本法提起訴願。……」
3.**反射利益**：乃指並非當事人當然所得主張其利益，僅因法律規定可能發生之作用，從而享受其利益，故又稱為反射作用。

蔡墩銘

竊占・侵占

　　均指不法占有他人之物。(1)竊占，謂基於竊取之意圖，私行以己力支配

或使第三者支配他人不動產之行為（刑320）。(2)侵占，謂對於自己持有之他人所有物，變易持有為所有之行為（刑335、336、337）。

蔡墩銘

竊取・盜取

　　均指破壞他人持有，而建立自己持有。(1)竊取，謂將他人現實持有之物，以和平之方法，私行移置於自己或第三者實力支配之下之行為（刑320）。(2)盜取，謂以不法方法將物體移入自己支配下之行為，例如盜取屍體是（刑247、249）。

蔡墩銘

鑑定人・鑑定證人

1.**鑑定人**：謂有特別知識經驗之第三人，受法院或檢察官命令，就特定事項報告其判斷意見之人（刑訴166、167、168、169、197、198、199、200、201、202、203）。
2.**鑑定證人**：謂法院或檢察官訊問依特別知識得知已往事實之人，就其所知之事實予以陳述者。依我國刑事訴訟法之規定，鑑定證人適用關於人證之規定（刑訴210）。

法律名詞索引

（括弧內之法律名詞為對應比較之類似語）

五劃

七劃

十一劃

　由）
試用人員（實授人員）
想像競合（法條競合）
經濟行政（財務行政）
聘用人員（任用人員・派用人員）
虞犯少年（觸法少年）
過失相抵（損益相抵）
募集設立（發起設立）
新法優於舊法（後法優於前法）
歲計（主計・會計・統計・審計）
義務（責任）

十四劃

團體協約（勞動契約）
監試（典試）
監獄（看守所）
監護（保護・觀護）
監督權（指揮權）
監察委員（監察院院長・監察院副院長）
監察院各委員會會議（監察院會議）
監察院院長（監察院副院長・監察委員）
監察院副院長（監察院院長・監察委員）
監察院秘書長（監察院秘書處）
監察院秘書處（監察院秘書長）
監察院會議（監察院各委員會會議）
緊急命令（緊急處分）
緊急處分（緊急命令）
緊急逮捕（現行犯逮捕）
領土（領海・領空・領域）
領空（領土・領海・領域）
領海（領土・領空・領域）
領域（領土・領海・領空）
複本（謄本）
複本（副本）
複保險（再保險）
複決權（創制權・立法權）
複代理人（代理人・法定代理人・特別代

　理人）
複決憲法修正案（憲法修正案）
違法（不法・非法・枉法）
違法行為（適法行為・脫法行為・放任行
　為）
違法性錯誤（法律錯誤・刑罰法規錯誤）
管收（管訓）
管訓（管收）
罰金（罰鍰）　罰鍰（罰金）
製作（製定）
製定（製作）
認可（許可）
認識過失（未必故意）
駁回（發回）
聚眾（公眾）
煽惑（教唆・挑唆）
攜帶（持有・占有）
銀行券（貨幣・紙幣・國幣）
實體法（程序法）
實授人員（試用人員）
福利行政（保育行政）
輔助機關（統率機關・執行機關）
輔助參加人（參加人・主參加人）
精神耗弱（心神喪失）
僑務行政（外務行政）

十五劃

調協（和解・調解）
調協（和解・調解・仲裁・調處）
調處（和解・調解・仲裁・調協）
調解（和解・調協）
調解（和解・仲裁・調處・調協）
請求（要求）
請求（訴・公訴）
請願（訴願・訴訟）
請願權（訴願權）
審判（審理）

十六劃

十七劃

國家圖書館出版品預行編目資料

法律類似語辨異／管歐等著.
--四版.--臺北市：五南, 2010.08
面；　公分.
ISBN 978-957-11-5939-3（平裝）
1.法律　2.詞典
580.4　　　　　　　　　　　　99003749

1Q10
法律類似語辨異

作　　者 ― 管歐　劉得寬　蔡墩銘　陳榮宗　賴源河

校 訂 者 ― 胡博硯

發 行 人 ― 楊榮川

總 編 輯 ― 王翠華

主　　編 ― 劉靜芬　林振煌

責任編輯 ― 李奇蓁　李俊逸　王政軒　蔡卓錦

封面設計 ― P.Design視覺企劃

出 版 者 ― 五南圖書出版股份有限公司

地　　址：106台北市大安區和平東路二段339號4樓

電　　話：(02)2705-5066　傳　　真：(02)2706-6100

網　　址：http://www.wunan.com.tw

電子郵件：wunan@wunan.com.tw

劃撥帳號：01068953

戶　　名：五南圖書出版股份有限公司

台中市駐區辦公室/台中市中區中山路6號

電　　話：(04)2223-0891　傳　　真：(04)2223-3549

高雄市駐區辦公室/高雄市新興區中山一路290號

電　　話：(07)2358-702　傳　　真：(07)2350-236

法律顧問　林勝安律師事務所　林勝安律師

出版日期　1987年 9 月初版一刷
　　　　　1992年 4 月二版一刷
　　　　　1997年 2 月三版一刷
　　　　　2010年 8 月四版一刷
　　　　　2013年 8 月四版二刷

定　　價　新臺幣400元